普通高等院校应用型人才培养实用教材

大学生职业心理素养

主　编：李　广　刘永晓
副主编：宣　萍　李雯宇　张　阳　李凯敏　史俊洋
编　委：李佳峰　张巧玲　魏诗航　马银标　刘金榕　徐小洁

西南交通大学出版社
·成　都·

图书在版编目（CIP）数据

大学生职业心理素养 / 李广，刘永晓主编. -- 成都：西南交通大学出版社，2025.6. -- ISBN 978-7-5774-0541-4

Ⅰ. G647.38

中国国家版本馆 CIP 数据核字第 2025XM8487 号

Daxuesheng Zhiye Xinli Suyang
大学生职业心理素养

主　编／李　广　刘永晓

策划编辑／罗在伟　孟　媛　赵思琪
责任编辑／周媛媛
责任校对／左凌涛
封面设计／墨创文化

西南交通大学出版社出版发行
（四川省成都市金牛区二环路北一段 111 号西南交通大学创新大厦 21 楼　610031）
营销部电话：028-87600564　　028-87600533
网址：https://www.xnjdcbs.com
印刷：四川煤田地质制图印务有限责任公司

成品尺寸　185 mm×260 mm
印张　10.5　　字数　227 千
版次　2025 年 6 月第 1 版　　印次　2025 年 6 月第 1 次

书号　ISBN 978-7-5774-0541-4
定价　42.00 元

课件咨询电话：028-81435775
图书如有印装质量问题　本社负责退换
版权所有　盗版必究　举报电话：028-87600562

前言 PREFACE

新质生产力的发展促进经济社会的转型和升级,新行业、新业态和新模式层出不穷,对高素质人才的需求出现了新变化和新要求。我国高等教育的人才培养总体滞后于经济社会发展需求,高等教育供给不断增加而毕业生就业率逐渐降低,高校毕业生毕业即失业和用人单位求贤若渴的结构性矛盾愈演愈烈。党的二十大报告指出实施就业优先战略。就业是最基本的民生,只有强化就业优先政策,健全就业促进机制,才能促进高质量充分就业。在此背景下,树立正确的职业价值观、保持良好的择业心态等是职业选择的核心心理因素,不仅仅对职业选择和职业动机具有导向作用,更对职业认识、职业选择和职业生涯发展具有重要的影响。对大学生职业心理素养的研究,能够使教育工作者更加了解当前大学生职业价值观的状况,进而更有针对性地引导大学生转变择业观念,树立科学的职业价值观。因此,开展对大学生职业心理素养的研究显得很有必要。

本书主要讲解了大学生职业心理素养基础、大学生职业心理自我认知、大学生职业环境认知与应对、大学生职业认知心理、大学生职业心理发展、大学生职业规划与求职心理、大学生职业适应与创业心理、大学生就业力与职业挫折应对等内容,对大学生职业心理素养进行论述并提出改善大学生职业心理素养的方案。

本书将基础理论与现实问题相贯通,对大学生职业心理的发展现况进行综合探讨。具有以下特征:

第一,实用性。本书以基础实用为原则,选择符合大学生知识水平、学习与交往情况以及生活现状的理论内容,避免枯燥难懂的理论知识。

第二,实时性。本书补充了心理健康教育的最新发展趋势和最新理念等内容。

第三，有趣性。本书设计了丰富多彩、形式多样的体验式活动，包括讨论分析、小组活动、角色扮演等。活动贴合学生实际并促进学生思考和感受，进而引发学生自身行为的变化。

本书在撰写过程中获得许多项目的支持，包括保山市第十一批中青年学术和技术带头人及技术创新人才项目支持（保政复〔2022〕38号）、云南省社科联—保山学院联合专项重点项目"'强师计划'背景下高校赋能基础教育教师队伍建设研究"（编号：24SKZXZD01）、云南省教育厅科学研究基金项目"乡村教师公共精神现状调查研究"（编号：2023J1134）、保山学院项目"怒江州和迪庆州《乡村教师支持计划（2015—2020）》实施效果研究"（编号：BYPY202208）。此外，本书还获得许多专家学者的指导和帮助，在此表示诚挚谢意。

由于笔者学术水平有限，加上客观条件限制，书中内容难免有疏漏之处，希望读者能够积极批评指正，以待进一步修改。

编　者

2025年1月18日

目 录

第一章　走进大学生职业心理素养 ……001
　　第一节　大学生职业心理素养概述 ……001
　　第二节　大学生职业心理素养的理论基础 ……006

第二章　大学生职业心理自我认知 ……017
　　第一节　大学生性格与职业心理 ……017
　　第二节　大学生兴趣与职业选择 ……029
　　第三节　大学生能力 ……035

第三章　大学生职业环境认知与应对 ……044
　　第一节　行业与职业发展趋势 ……044
　　第二节　职场文化适应 ……050

第四章　大学生职业认知心理 ……058
　　第一节　大学生就业现状 ……058
　　第二节　大学生的就业观 ……059
　　第三节　大学生职业认同的教育引导 ……066

第五章　大学生职业心理发展 ……083
　　第一节　大学生职业心理发展概述 ……083
　　第二节　大学生职业心理发展建议 ……086

第六章　大学生职业规划与求职心理 ………………………………… 091

第一节　大学生职业规划与定位 ……………………………………091
第二节　大学生求职心理 ……………………………………………093
第三节　大学生求职心理问题应对 …………………………………096

第七章　大学生职业适应与创业心理 ………………………………… 101

第一节　大学生职业适应 ……………………………………………101
第二节　大学生创业心理品质的培育 ………………………………111
第三节　大学生创业教育指导与心理辅导 …………………………129

第八章　大学生就业力与职业挫折应对 ……………………………… 147

第一节　大学生就业力 ………………………………………………147
第二节　大学生职业挫折 ……………………………………………152
第三节　大学生职业挫折应对 ………………………………………156

参考文献 …………………………………………………………………… 161

PART ONE

第一章 走进大学生职业心理素养

> **教学目标**
> （1）熟悉大学生职业心理素养概念。
> （2）掌握大学生职业心理素养内涵。
> （3）理解大学生职业心理素养功能。
> （4）了解大学生职业心理素养的理论基础。

第一节 大学生职业心理素养概述

一、大学生职业心理素养概述

（一）大学生职业心理素养的概念

职业心理素养是指大学生个体在职业活动中所表现出的一系列心理特征、心理状态和心理品质的综合体现，它对于个体的职业发展和职业成功具有重要意义。

（二）大学生职业心理素养的内涵

1. 心理倾向与个性特征

职业心理素养涵盖了人们在职业活动中表现出的认识、情感、意志等心理倾向或个性心理特征。从认识方面来看，包括对职业的认知、对自我的认知以及对职业环境的认知等，了解不同职业的工作内容、发展前景，明确自身的优势与不足，以及把握行业动态和市场需求等。情感方面则涉及对职业的喜好、热情、责任感、对工作的热爱、对职业成就的渴望以及对团队的归属感等。意志层面体现为在职业活动中的坚持性、果断性、自制性等，面对工作中的困难和挑战时能够坚持不懈、果断决策并自我约束。

2. 职业意识与态度

职业意识是职业心理素养的重要组成部分，它是人们对职业的认知、评价、情感和态度等心理成分的综合反映。其中包括专业精神，即对专业领域知识和技能的精通与追求，以及对职业信念和专业伦理的坚守；责任意识，指个人对职业活动中应承担的责任和义务的自觉认知与态度；团队精神，强调个体与团队成员之间的协作、配合以及对团队目标的认同与追求；规范意识，要求个体自觉遵守职业规范和行为准则。

3. 职业能力与技能

职业能力是职业心理素养的内涵之一，是大学生从事某一职业所必需的多种能力的综合，包括一般能力和特殊能力。一般能力如学习能力、沟通能力、问题解决能力等，是在各种职业活动中都需要具备的基础能力。特殊能力是与特定职业相关的专业能力，如教师的教学能力、医生的诊断能力、工程师的设计能力等。

4. 职业价值观与动机

职业价值观是个体对职业的意义和价值的根本看法和态度，影响着人们的职业选择和职业行为。职业动机则是推动个体从事某种职业的内在动力，包括物质动机、精神动机、社会动机等。积极的职业价值观和强烈的职业动机能够激发个体的工作热情和创造力，使其在职业活动中更加积极主动地追求职业目标的实现。

5. 职业适应与发展能力

职业心理素养还包括个体的职业适应能力和职业发展能力。职业适应能力是指个体在进入新的职业环境或面临职业变化时，能够快速调整自己的心理和行为，适应新的工作要求和职业角色的能力。职业发展能力则是个体在职业生涯中不断提升自己、实现职业成长和晋升的能力，包括自我学习能力、创新能力、人际关系能力等。

6. 职业心理健康与稳定性

在职业活动中，大学生个体需要保持良好的心理健康状态，以应对各种工作压力和职业挑战。职业心理素养要求个体具备较强的心理韧性和情绪稳定性，能够在面对挫折、失败和压力时，保持积极乐观的心态，有效地调节自己的情绪和行为，避免因心理问题影响职业发展。

二、大学生职业心理素养功能

在当今竞争激烈的职场环境中，职业生涯的成功与否不再仅仅取决于专业技能和知识储备的水平。职业心理素养作为大学生个体在职业领域中展现出的一系列心理品质和能力，正逐渐成为影响职业生涯走向的关键因素。它贯穿于职业发展的各个阶段，从最初的职业选择，到在职场中的持续成长，再到应对各种职业挑战，都发挥着不可替代的作用。深入探讨职业心理素养在职业生涯中的功能，对于广大职场人士以及即将步入职场的学生来说，具有至关重要的指导意义。

（一）助力职业选择与定位

1. 清晰的自我认知

职业心理素养中的自我认知能力，能帮助个体深入了解自己的兴趣、性格、能力和价值观。兴趣是职业选择的重要驱动力，清楚自己的兴趣所在，能让个体在众多职业选项中找到真正热爱的方向。一个对数字敏感且热爱分析的人，可能更适合从事金融、数据分析等相关职业。性格与职业的匹配度也不容忽视，外向开朗、善于沟通的人在销售、公关等领域往往更具优势；而内向沉稳、专注细致的人则可能在科研、技术类岗位上表现出色。通过对自身能力的客观评估，个体可以明确自己的优势和劣势，选择能够发挥优势的职业，避免因能力不足而在工作中遭遇过多挫折。同时，价值观决定了个体对职业意义的评判标准，追求成就感和社会价值的人，可能更倾向于选择公益、教育等行业，这些职业能让他们在工作中实现自我价值。

2. 准确的职业定位

具备良好的职业心理素养，大学生便能够更全面、准确地认知不同职业的特点、发展前景和工作要求。在信息爆炸的时代，尽管个体获取职业信息的渠道众多，但要判断信息的真实性和有效性，仍需要具备一定的辨别能力。职业心理素养较高的人，能够通过实习、行业调研、与从业者交流等多种途径，深入了解目标职业的实际情况，避免因对职业的片面认知而做出错误的选择。一些人可能只看到某些热门职业的高收入，却忽视了其高强度的工作压力和激烈的竞争环境，导致入职后难以适应。而对职业有充分认知的人，会综合考虑各种因素，做出更符合自身发展的职业选择，为职业生涯奠定良好的开端。

（二）促进职业发展与晋升

1. 积极的工作态度

职业心理素养中的热情、责任心、敬业精神等特征，是推动职业发展的强大动力。热情的员工对工作充满激情，他们会主动投入更多的时间和精力去完成任务，并且在工作中不断寻求创新和突破。这种积极的工作状态不仅能提高工作效率和质量，而且能为团队带来正能量，营造良好的工作氛围。责任心强的员工会认真对待工作中的每一个环节，对工作结果负责到底，他们往往能够赢得同事和上级的信任，获得更多的工作机会和重要项目的参与权。敬业精神则体现为对职业的尊重和对专业的追求，拥有敬业精神的人会不断提升自己的专业技能，努力成为行业内的专家，为职业晋升打下坚实的基础。

2. 强大的学习能力

在快速发展的现代社会，知识和技术不断更新换代，职业领域也在持续变革。具备良好职业心理素养的人，拥有强烈的学习意识和强大的学习能力，他们能够适应这种变化，不断学习新知识、新技能，提升自己的综合素质。学习能力强的人能够快速掌握新的工作要求和技能，在工作中不断积累经验，实现自我提升。在互联网行业，技术更新日新月异，只有不断学习才能跟上行业发展的步伐，获得更好的职业发展机会。此外，善于学习的人还能将所学知识灵活运用到实际工作中，解决各种复杂的问题，为企业创造价值，从而更容易获得晋升的机会。

3. 良好的人际关系处理能力

在职场中，人际关系的好坏直接影响着职业发展。职业心理素养较高的人具备良好的人际关系处理能力，他们能够与同事、上级和客户建立和谐、融洽的关系。与同事友好合作能够提高团队协作效率，共同完成工作任务；与上级保持良好的沟通和信任有助于获得更多的指导和支持，同时也能让上级更好地了解自己的工作表现和能力，为晋升创造条件；善于与客户沟通和建立良好关系的人能够更好地满足客户需求，提升客户满意度，为企业赢得更多的业务和声誉。良好的人际关系网络不仅是职业发展的助力，而且能在遇到困难时提供支持和帮助。

（三）增强应对职业挑战的能力

1. 应对工作压力

职场中充满了工作任务繁重、工作时间紧张、竞争激烈等各种压力源。具备良好职业心理素养的人，拥有较强的心理调适能力，能够有效地应对工作压力。他们懂得通过运动、冥想、与朋友倾诉等合理的方式释放压力。同时，他们还能够调整自己的心态，以积极的视角看待压力，将压力转化为动力。面对高强度的工作任务，他们不会抱怨和逃避，而是制订合理的工作计划，有条不紊地完成任务，在这个过程中不断提升自己的抗压能力和工作能力。长期处于高压环境下，心理调适能力差的人可能会出现焦虑、抑郁等心理问题，影响工作效率和生活质量，甚至导致职业发展受阻；而心理素养高的人则能够保持良好的身心状态，继续在职业生涯中稳步前行。

2. 面对职业挫折

职业心理素养中的心理韧性起着关键作用，能让个体在面对挫折时保持坚定的信念和不屈的精神。心理韧性强的人不会因为失败就一蹶不振，他们会从挫折中吸取教训，总结经验，调整自己的职业规划和发展策略。业绩下滑时，他们不会气馁，而是认真分析原因，如市场环境变化、销售技巧不足或者客户关系维护不到位等，然后针对性地采取措施，提升自己的销售能力，最终实现业绩的提升。相反，心理韧性差的人可能会在挫折面前轻易放弃，错过重新发展的机会。

3. 适应职业变化

随着科技的进步和社会的发展，职业领域也在不断发生变化，新的职业不断涌现，传统职业也在不断转型升级。具备良好职业心理素养的人具有较强的适应能力，能够快速适应职业变化带来的新要求和新挑战。他们能够主动学习新知识、新技能，调整自己的职业观念和行为方式，以适应行业的发展趋势。具备适应能力的人能够及时转型，学习相关知识和技能，进入新兴职业领域，实现职业的可持续发展。

（四）提升职业幸福感

1. 满足职业需求

职业心理素养高的人在职业选择和发展过程中，能够更好地满足自己的职业需求。他们会根据自己的兴趣、能力和价值观选择职业，这样在工作中能够获得更多的成就感和满足感。同时，他们注重职业发展过程中的自我实现需求，通过不断提升自己，实现更高的职业目标，从而获得更深层次的幸福感。

2. 平衡工作与生活

在职业生涯中，工作与生活的平衡至关重要。职业心理素养良好的人能够正确处理工作与生活的关系，合理安排时间和精力。他们不会因为过度投入工作而忽视家庭和个人生活，也不会因为生活琐事影响工作效率和质量。通过合理的时间管理和心态调整，他们能够在工作中全力以赴，在生活中尽情享受，实现工作与生活的和谐统一，从而提升整体的幸福感，保持身心健康和良好的生活状态。

职业心理素养在职业生涯中具有举足轻重的重要性。它贯穿于职业选择、发展、应对挑战以及提升幸福感等各个方面，是个体实现职业成功和人生价值的关键因素。无论是对于初入职场的新人，还是已经在职场中摸爬滚打多年的资深人士，都应该重视自身职业心理素养的培养和提升。大学生应通过不断提高自我认知、保持积极的工作态度、增强学习能力和心理调适能力等方式，塑造良好的职业心理素养，为自己的职业生涯奠定坚实的基础，在激烈的职场竞争中脱颖而出，实现可持续的职业发展和人生幸福。

第二节　大学生职业心理素养的理论基础

一、特质—因素理论

（一）理论起源与发展

特质—因素理论（Trait - Factor Theory）是职业指导领域中历史悠久且具有深远影响力的理论。它起源于20世纪初的美国，当时工业化进程加速，职业分工日益细化，社会迫切需要一种科学的职业指导方法。该理论的代表人物是弗兰克·帕森斯（Frank Parsons），他被称为"职业指导之父"。帕森斯在1909年出版的《选择职业》（Choosing a Vacation）一书中系统地阐述了理论基本框架。

该理论的核心思想是强调个人特质与职业因素之间的匹配。随着职业心理学的不断发展，特质—因素理论在后续的研究和实践中也得到了进一步的完善。例如，在职业测评工具的开发方面，研究人员基于该理论构建了许多标准化的测试，用于评估个体的各种特质，使其在职业指导和职业规划领域发挥了更广泛的作用。

1. 特质

特质是指个体所具有的稳定的心理特征和行为倾向。这些特质可以分为多个维度来描述个体，包括生理特质（如体力、感官敏锐度等）、心理特质（如智力、兴趣、性格、价值观等）和社会特质（如沟通能力、团队合作能力等）。一个人的性格可能是外向型的，这种性格特质表现为善于与人交往、开朗乐观，在社交场合中表现活跃。而一个人的兴趣特质可能集中在艺术领域，如绘画、音乐等，这会使他更倾向于关注与艺术相关的事物，并在相关活动中获得满足感。

2. 因素

因素主要是指职业所要求的各种条件和特征。这些因素包括职业所需的知识技能（如工程师需要掌握工程制图、数学计算等知识和技能）、工作环境（如室内工作还是户外工作、工作场所的噪声程度等）、工作性质（如重复性工作还是创造性工作、独立工作还是团队合作等）和职业的报酬福利等。以医生为例，其因素包括需要具备扎实的医学知识和临床技能、在医院或医疗机构等特定的工作环境中工作、工作性质涉及诊断病情（创造性思考）和执行治疗方案（一定的重复性操作），并且能够获得相应的薪资和社会福利。

（二）特质—因素理论在职业心理素养中的应用

1. 职业选择

（1）指导自我评估与职业探索。职业心理素养强调个体在职业选择前需要进行全面的自我评估，这与特质—因素理论的观点高度一致。通过自我评估，个体可以清晰地了解自己的特质，如兴趣爱好、能力水平、性格特点等。例如，一个喜欢分析数据并且数学能力较强的人，根据特质—因素理论，他在职业选择时就可以考虑数据分析、金融统计等相关职业，因为这些职业需要的因素（如数据分析能力、对数字的敏感度）与他自身的特质相匹配。

（2）促进人—职匹配的实现。特质—因素理论的核心就是追求人—职匹配。在职业心理素养的框架下，人—职匹配不仅仅是技能和知识的匹配，更包括心理层面的契合。一个性格内向、注重细节的人，可能更适合在实验室环境中从事研究工作。因为研究工作的职业因素（相对安静的工作环境、需要高度专注和对细节的把握）与他的性格和能力特质相匹配，这种匹配有助于个体在职业中获得成就感和满足感，提高工作效率和工作质量。

2. 职业适应与发展方面

（1）加快职业适应。当个体进入一个新的职业环境后，特质—因素理论可以帮助加速职业适应的过程。如果个体的特质与职业因素之间存在较高的匹配度，那么他在职业适应阶段会相对顺利。具有良好团队合作特质（如善于倾听、乐于分享、能够协调团队成员关系）的新员工，进入一个注重团队协作的工作环境（如软件开发团队），能够更快地适应团队的工作方式和企业文化，因为他的个人特质与职业环境所要求的因素相契合。这种良好的适应有助于个体在职业初期建立自信，为职业发展打下坚实的基础。

（2）引导职业发展规划。从长期职业发展来看，特质—因素理论为职业心理素养中的职业发展规划提供了思路。个体可以根据自己的特质和职业因素的变化来调整职业发展路径。随着个人能力（特质）的提升，个体可以合理规划自己的职业发展，选择更适合自己现阶段特质和职业期望的岗位。

（三）特质—因素理论对提升职业心理素养的重要性

1. 提高职业满意度

当个体的特质与职业因素能够良好匹配时，个体的职业满意度能够显著提高。职业满意度是职业心理素养的重要组成部分，它直接影响着个体的工作积极性和工作动力。热爱大自然、身体素质较好且具有探索精神（特质）的人，在从事户外探险导游（职业）时，能够在工作过程中充分发挥自己的特质，体验到工作的乐趣和成就感，从而对自己的职业感到满意。这种满意度会促使他更加投入地工作，进一步提升自己的职业心理素养。

2. 增强职业稳定性

特质—因素理论有助于增强职业稳定性。在匹配的职业环境中，个体更有可能长期从事该职业。因为他们在工作中能够得心应手，与职业环境相适应，并且能够在职业发展中看到自己的前景。对数字敏感且有耐心（特质）的人从事会计工作（职业），能够很好地应对会计工作中繁琐的数据处理和财务报表编制等任务（职业因素），随着工作经验的积累，他在这个职业领域的专业性不断提高，更倾向于在会计行业稳定发展，而不是频繁地更换职业。这种职业稳定性为个体进一步培养和提升职业心理素养提供了稳定的环境和条件。

3. 促进职业心理健康

良好的人—职匹配可以减轻个体在工作中的心理压力，促进职业心理健康。在职业心理素养的范畴内，职业心理健康是至关重要的。当个体的工作内容和环境符合自己的特质和期望时，他们在工作中感受到的压力会相对较小。性格开朗、喜欢与人交往（特质）的人从事销售工作（职业），他在与客户沟通和拓展业务的过程中能够发挥自己的优势，而不会因为性格与工作要求不符而产生焦虑或抵触情绪。这种积极的工作心态有助于维护个体的职业心理健康，使其在职业活动中能够保持良好的心理状态，更好地应对各种职业挑战。

二、职业发展阶段理论

（一）理论起源与发展

职业发展阶段理论是职业心理学领域中一个用于描述个体职业生涯动态发展过程的重要理论。它的起源可以追溯到 20 世纪中叶，当时随着职业研究的深入，学者们开始关注个体在整个职业生涯中的变化规律。其中，唐纳德·舒伯（Donald E.Super）的生涯发展理论具有广泛的影响力。

舒伯将个体的职业生涯划分为不同的阶段，包括生命（成长）阶段、探索阶段、立业（建立）阶段、守业（维持）阶段和闲适（衰退）阶段。[①]这一理论的发展反

[①] 北京师范大学心理学部网站.舒伯的生涯发展理论——生涯终生化[EB/OL].（2016-11-13）.
https://psych.bnu.edu.cn/xsfz/zyfz/sygh/45730f12d5804c09adc837db3b79c830.htm.

映了职业发展的连续性和阶段性特点,后续的研究也在舒伯理论的基础上进行了拓展和细化,考虑了更多因素,如社会变迁、经济环境变化等对职业发展阶段的影响。为了综合阐述生涯发展阶段与角色彼此间的相互影响,舒伯创造性地描绘出一个多重角色生涯发展的综合图形——"生涯彩虹图"(见图1-1)。该图形象地展现了生涯发展的时空关系,更好地诠释了生涯的定义。在生涯彩虹图中,纵向层面代表纵观上下的生活空间,由一组职位和角色组成,具体分为孩子、学生、休闲者、公民、工作者、家长(持家者)六个不同角色,这些角色相互影响,交织出个人独特的生涯类型。舒伯认为,在个人发展历程中,个体会随年龄的增长而扮演不同的角色。图1-1的外圈为主要发展阶段,内圈阴暗部分长短不一,表示在该年龄阶段各种角色的份量。个体在同一年龄阶段可能同时扮演数种角色,因此彼此会有所重叠,但其所占比例各所不同。

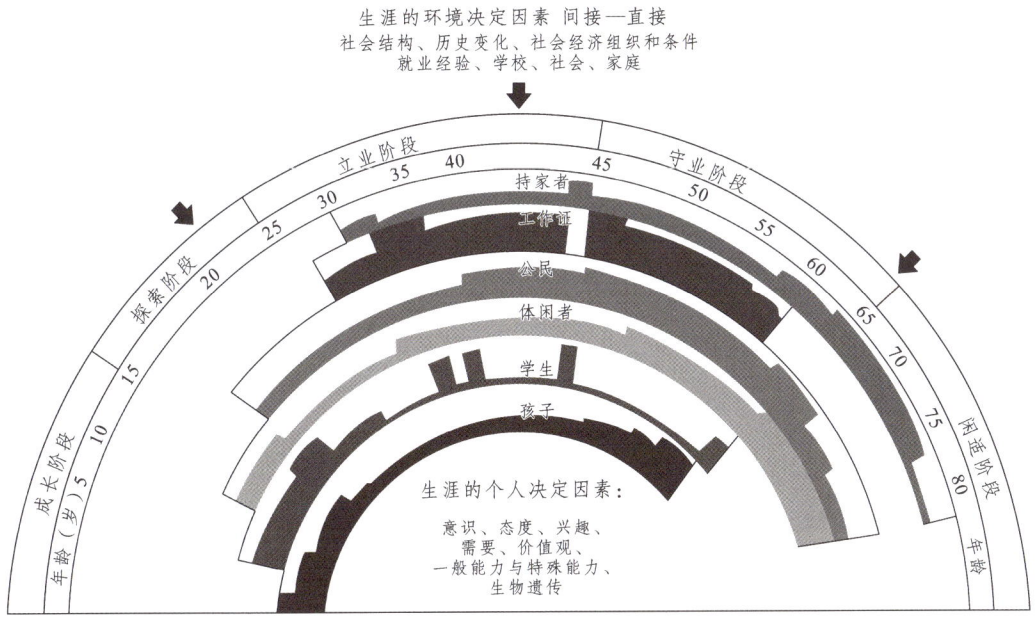

图1-1 舒伯"生涯彩虹图"

(二)各阶段主要内容

1. 成长阶段(0~14岁)

这是职业发展的早期阶段,个体主要通过家庭、学校和社会环境的影响,开始对职业世界形成初步的认知。在这个阶段,儿童会通过游戏、角色扮演等方式来探索不同的职业角色,如孩子可能会模仿医生看病、老师上课等行为,从而初步建立对职业的感性认识。他们还会受到父母、老师等重要他人职业观念的影响,逐渐形成自己对工作和职业的价值观。

2. 探索阶段（15~24岁）

这是个体开始认真思考和探索职业选择的时期。在这个阶段，年轻人会通过自我评估（如兴趣、能力、性格等方面的探索）、职业信息收集（如参加职业讲座、阅读职业资料等）以及尝试不同的短期工作或实习来确定自己的职业方向。例如，一名大学生可能会在暑假期间参加多种行业的实习，通过亲身体验来了解不同职业是否适合自己。

3. 建立阶段（25~44岁）

一旦确定了职业方向，个体就进入职业建立阶段。在这个阶段，他们会努力在所选职业领域中获得稳定的地位。这包括寻找和获得一份合适的工作，然后在工作中不断学习和成长，争取晋升机会。例如，一个刚进入律师行业的年轻人，会通过努力通过司法考试，积累案件经验，与同行建立良好的关系，逐步在律师事务所中确立自己的地位。

4. 维持阶段（45~64岁）

在这个阶段，个体已经在职业领域取得了一定的成就，他们的重点是保持自己现有的职业地位和成就。这可能涉及不断更新知识和技能，以适应行业的变化，同时还要应对年轻一代的竞争。此外还需要指导年轻员工，巩固自己在公司中的地位。

5. 衰退阶段（65岁以上）

随着年龄的增长，个体的体力和精力逐渐下降，开始进入职业衰退阶段。这可能表现为逐渐减少工作时间、退休或者转换到兼职工作等形式。在这个阶段，个体更多的是回顾自己的职业生涯，进行经验传承，并适应生活角色的转变，从以工作为主转变为享受退休生活或从事一些轻松的兴趣活动。

（三）职业发展阶段理论在职业心理素养中的应用

1. 不同阶段的心理素养需求

（1）成长阶段：在这个阶段，个体应培养积极的职业好奇心和对职业世界的开放性心态。儿童和青少年应该被鼓励去探索各种职业可能性，通过接触不同的职业信息和榜样人物，形成对职业的积极印象。同时，他们也需要初步培养职业价值观，如认识到工作的重要性和不同职业对社会的贡献。

（2）探索阶段：自我认知和职业探索能力是这一阶段最重要的职业心理素养。个体需要准确地了解自己的兴趣、能力和性格特点，以便找到适合自己的职业方向。这包括学会使用各种自我评估工具（如兴趣测试、性格问卷等），以及培养收集和分析职业信息的能力。在面对众多职业选择时，能够理性地分析每个职业的优缺点和发展前景。

（3）建立阶段：在职业建立阶段，职业心理素养主要体现在职业承诺、职业韧性和职业适应能力上。职业承诺意味着个体对自己所选职业的忠诚和投入，愿意为职业发展付出努力。职业韧性帮助个体应对职业初期可能遇到的挫折。职业适应能力则使他们能够顺利融入新的工作环境，学习和掌握新的工作技能。

（4）维持阶段：此时，个体需要具备心理调适能力和持续学习的心理准备。心理调适能力用于应对"职业高原"现象（如晋升困难、职业倦怠等），保持工作的积极性和热情。持续学习的心理准备则是为了适应行业的变化，不断更新自己的知识和技能，防止被时代淘汰。

（5）衰退阶段：在职业衰退阶段，个体需要良好的心理过渡能力，能够平和地接受职业角色的转变。这包括调整心态，从工作重心转向生活享受或其他兴趣活动，同时也需要有传承职业经验的意愿和能力，为年轻一代提供指导。

2. 心理素养的动态发展

职业发展阶段理论揭示了职业心理素养是一个动态发展的过程。随着个体从一个职业阶段进入下一个阶段，他们所需的心理素养也会发生变化。职业心理素养的动态发展，实质上是大学生在职业探索与成长过程中，通过不断与环境互动，实现自我认知、职业认知的深化以及心理能力的持续调整与提升的过程。包括以下几个方面：一是职业认知的深化。大学生从对职业仅有一个模糊的想象，到逐步理解行业生态，形成对职业的全面认知。这种认知的深化，不仅仅包括对职业表面现象的了解，更涉及对职业内在规律、发展前景以及个人与职业匹配度的深刻把握。二是心理韧性的增强。面对求职挫折、职场压力等挑战，大学生逐渐发展出更强的情绪调节和压力应对能力。这种心理韧性的增强，使大学生能够在逆境中保持积极心态，有效应对各种挑战。三是决策能力的提升，在职业选择过程中，大学生从依赖他人建议到学会基于SWOT分析（优势、劣势、机会、威胁）进行自主决策。这种决策能力的进化，体现了大学生职业心理素养的成熟与提升。四是价值认同的重构。随着职业探索的深入，大学生对职业的价值认同逐渐从"谋生手段"升华为"社会贡献与个人发展的统一"。这种价值认同的重构，为大学生的职业发展提供了持久的动力。这种动态发展要求个体在职业生涯中不断地自我调整和提升心理素养，以适应不同阶段的职业需求。

(四)职业发展阶段理论对提升职业心理素养的重要性

1. 提供职业心理发展的全景图

职业发展阶段理论为个体提供了一个清晰的职业心理发展全景图,使他们能够预见自己在不同职业阶段可能遇到的心理挑战和需求。这有助于个体提前做好心理准备,有针对性地培养和提升自己的职业心理素养。即将进入探索阶段的大学生,了解到这个阶段需要重点培养自我认知和职业探索能力后,就可以主动参加相关的培训课程或阅读相关书籍,为职业选择做好充分的心理准备。

2. 促进职业心理的适应性

通过将职业心理素养与不同的职业发展阶段相联系,该理论有助于个体更好地适应职业变化。当个体知道每个阶段的心理特点和需求后,他们能够及时调整自己的心态和行为,以适应新的职业环境。在从建立阶段向维持阶段过渡时,个体能够意识到自己需要从追求职业晋升转变为注重职业稳定和持续学习,从而更好地适应职业发展的节奏,保持良好的职业心理状态。

3. 优化职业心理指导

对于职业指导者来说,职业发展阶段理论提供了一个有效的框架,用于设计和实施针对性的职业心理指导方案。根据个体所处的不同职业阶段,可以提供不同的心理辅导内容和方法。对于处于探索阶段的大学生,可以提供更多的自我探索工具和职业信息资源;对于处于职业危机中的维持阶段个体,可以提供心理调适和职业转型的建议,从而提高职业心理指导的效果,帮助个体更好地提升职业心理素养。

三、社会学习理论

(一)理论起源与发展

社会学习理论(Social Learning Theory)是由美国心理学家阿尔伯特·班杜拉(Albert Bandura)提出的。这一理论源于行为主义心理学,但又超越了传统行为主义的局限。班杜拉在20世纪60—70年代进行了一系列经典实验,如著名的"波波玩偶实验",观察儿童如何通过观察和模仿成人的行为来学习攻击性行为,这些研究成果为社会学习理论奠定了基础。[①]

随着时间的推移,社会学习理论不断发展和完善,开始融合认知因素,强调个

[①] Bandura, A., Ross, D. & Ross, S.A. Transmission of aggression through imitation of aggressive models[J]. Journal of Abnormal and Social Psychology, 1961, 63(3):575-582.

体在观察学习过程中的认知加工和自我调节机制。这种理论演变使得它能够更好地解释人类复杂的学习行为，不仅包括外显的行为学习，而且涉及内在的认知和情感因素的学习。

（二）基本原理

1. 观察学习

观察学习是社会学习理论的核心概念。观察学习是指个体通过观察他人（榜样）的行为及其结果而进行的学习。这种学习不一定需要个体亲自体验行为的后果，而是可以通过观察他人来获取知识、技能和行为方式。孩子看到父母每天认真工作，并且因为工作出色而获得奖励，他就可能会学习父母对待工作的积极态度和敬业精神。观察学习包括注意、保持、再现和动机四个过程。个体首先要注意到榜样的行为，然后将其保存在记忆中，在适当的时候再现出来，并且要有足够的动机去实施这种行为。

2. 自我效能感

自我效能感是社会学习理论中的另一个重要概念。它是指个体对自己能够成功地完成某一行为的主观判断。自我效能感影响着个体的行为选择、努力程度和坚持性。如果对自己在职业面试中的表现有较高的自我效能感，就会更积极地准备面试，在面试过程中也会更加自信和从容，并且在遇到困难时更有可能坚持下去。自我效能感主要来源于四个方面：直接经验（自己过去成功或失败的经历）、替代经验（观察他人的成功或失败）、言语说服（他人的鼓励或批评）和生理与情绪状态（自己在面对任务时的身体和情绪反应）。

（三）社会学习理论在职业心理素养中的应用

1. 职业榜样的影响

（1）职业选择与探索。在职业心理素养的培养过程中，榜样的作用至关重要。个体在职业选择和探索阶段，往往会受到身边榜样人物的影响。学生看到自己的老师对教育事业充满热情，并且在教学工作中获得了学生的喜爱和尊重，他可能就会对教师这个职业产生浓厚的兴趣。通过观察榜样的职业行为、职业成就和职业满足感，个体可以获取有关职业的信息，包括职业的工作内容、所需技能、职业价值观等，从而为自己的职业选择提供参考。

（2）职业行为塑造。在进入职场后，个体仍然可以通过观察优秀同事或行业前辈的行为来塑造自己的职业行为。新入职员工看到经验丰富的同事在与客户沟通时能够有效地倾听、清晰地表达并且成功地解决客户的问题，他就会学习这种沟通技巧，并将其应用于自己的工作中。这种观察学习有助于个体快速适应职场环境，提升自己的职业技能和职业素养。

2. 自我效能感在职业心理素养中的作用

（1）职业决策与信心。自我效能感在职业决策过程中起着关键作用。具有较高自我效能感的个体更有可能积极主动地进行职业决策，因为他们相信自己能够应对职业选择和职业发展过程中的各种挑战。在面临多个职业机会时，自我效能感高的人会更自信地评估自己的能力与每个职业的匹配度，并且更有勇气选择具有一定挑战性的职业道路。他们相信自己有能力在新的职业领域中取得成功，这种信心有助于他们在职业决策中做出更符合自己潜力的选择。

（2）职业挫折应对。在职业发展过程中，难免会遇到挫折和困难。自我效能感能够影响个体对挫折的应对方式。自我效能感高的个体在面对职业挫折时，更倾向于将其视为暂时的困难，并且相信自己有能力克服。

（四）社会学习理论对提升职业心理素养的重要性

1. 拓展职业学习途径

社会学习理论为职业心理素养的提升提供了丰富的学习途径。除了传统的学校教育和职业培训外，观察学习使个体能够从身边的各种榜样身上获取职业知识和技能。这种学习方式不受时间和空间的限制，个体可以随时随地观察他人的职业行为，并从中学习。通过观看行业领袖的演讲视频、阅读成功人士的传记等方式，个体可以学习到他们的职业智慧和经验，拓宽自己的职业视野，提升职业心理素养。

2. 增强职业适应能力

在职业环境不断变化的今天，职业适应能力是职业心理素养的重要组成部分。社会学习理论强调观察学习和自我效能感，有助于个体更好地适应职业变化。通过观察他人如何应对职业环境的变化，个体可以学习到有效的适应策略。同时，较高的自我效能感使个体在面对新的职业要求和挑战时，能够保持积极的心态，相信自己能够适应变化。在行业进行技术革新时，那些善于观察学习并且自我效能感高的员工能够更快地学习新技术，适应新的工作方式，从而在职业变革中保持竞争力。

3. 促进职业心理的积极发展

社会学习理论对职业心理的积极发展具有促进作用。观察学习榜样的积极职业行为和态度，能够激发个体的职业热情和职业动力。看到榜样对工作的高度责任感和敬业精神，个体可能会受到感染，也在自己的工作中培养类似的品质。此外，积极的自我效能感能够使个体在职业活动中体验到更多的成就感和满足感，进一步强化他们的职业心理素养。这种良性循环有助于个体在职业生涯中保持积极向上的心理状态，促进职业的持续发展。

寝室练习小活动

一、活动名称

"职心筑梦"职业心理素养提升寝室小活动

二、活动目标

深化职业心理认知，深入了解职业心理素养涵盖的责任意识、抗压能力、团队协作等关键要素，明晰其对职业发展的重要性；强化积极心理建设，通过情景模拟与互动，培养成员面对职业挑战时的积极心态，学会运用心理调适方法缓解焦虑、增强自信心；提升职场应变能力，在模拟职场情境中，锻炼成员的沟通表达、问题解决和应变能力，提升职业心理韧性；促进寝室成员互助，营造寝室成员相互学习、相互支持的氛围，在活动中增进彼此了解，强化团队凝聚力。

三、活动准备

资料文档：打印职业心理素养相关知识卡片（如大五人格与职业适配、职场压力应对方法等）、情景模拟案例（包含职场冲突、工作失误等场景）。

基础工具：准备便签纸、彩色笔、小型计时器（可用手机替代），用于记录想法、绘制思维导图和把控时间。

辅助道具：利用寝室现有物品充当简易道具，如书本模拟文件、椅子模拟办公座椅等，增强模拟场景真实感。

知识准备：活动前，寝室成员共同通过网络课程、科普文章等，初步学习职业心理素养相关知识，如观看职场心理科普视频、阅读职场心理经验文章。

场地布置：简单整理寝室空间，划分出讨论区、情景模拟区，在墙上张贴便签纸作为"灵感墙"，方便记录想法。

四、活动流程

1. 知识分享暖场（10分钟）

寝室成员围坐在一起，轮流分享自己在活动前学习到的职业心理素养知识，每人分享时间控制在2~3分钟。

分享结束后，大家共同将重点知识写在便签纸上并张贴在"灵感墙"上，形成知识共享小园地。

2．情景模拟挑战（25分钟）

随机抽取情景模拟案例，如"因工作失误被领导批评""与同事在项目方案上产生严重分歧"等。

抽到案例的同学扮演主角，其他同学分别扮演领导、同事等角色，进行情景模拟演绎。

模拟过程限时8~10分钟，结束后，主角分享自己在模拟过程中的心理感受，其他成员从职业心理素养角度进行点评，分析其应对方式的优缺点。

3．心理调适方法共创（15分钟）

针对模拟情景中出现的心理压力问题，大家共同讨论有效的心理调适方法。

每人用彩色笔在便签纸上写下自己想到的方法，如积极心理暗示语句、压力释放小技巧等，然后贴在"灵感墙"上。

全体成员对所有方法进行整理分类，共同总结出适合寝室成员的职业心理调适"小锦囊"。

4．总结展望（10分钟）

每位成员分享本次活动的收获，包括对职业心理素养新的认识、学到的实用方法等。

寝室长对活动进行总结，鼓励大家在日常学习生活中运用所学，持续提升职业心理素养，并约定定期开展类似活动。

思考题

（1）什么是大学生职业心理素养？

（2）谈谈大学生职业心理素养的功能。

（3）选择大学生职业心理素养的理论基础，对照自己做出分析。

PART TWO

第二章 大学生职业心理自我认知

教学目标

（1）了解大五人格理论和 MBTI 性格类型理论。
（2）熟悉性格测试工具的使用与解读。
（3）理解职业兴趣探索方法。
（4）了解能力提升与评估。

第一节 大学生性格与职业心理

一、性格类型与职业适配性

（一）性格类型的基本理论

1. 大五人格理论（Big Five Personality Theory）

大五人格（Big Five Personality Traits），又称"五因素模型"（Five-Factor Model，FFM），是现代心理学中最具影响力的人格理论之一。其理论基础可追溯至 20 世纪早期的词汇学假设（Lexical Hypothesis），即人类语言中所有描述人格的词汇可归纳为少数核心维度。代表性研究学者包括心理学家戈登·奥尔波特（Gordon Allport）、雷蒙德·卡特尔（Raymond Cattell）、保罗·科斯塔（Paul Costa）和罗伯特·麦克雷（Robert McCrae）等。大五人格维度包括以下维度[1]：

1）大五人格维度

（1）外倾性（Extraversion）：外倾性高的人热情、开朗、积极主动，喜欢社交活动，在人群中能够表现自如，并且能够从与他人的互动中获得快乐。小张是一名市场营销专业的学生，外倾性得分很高。他性格开朗，善于与人交往，喜欢参加各种社交活动和社团组织，具有很强的沟通能力和团队协作能力。在大学期间，小张

---

[1] Burger, J.M. Personality psychology[M].10th ed. Boston, MA:Cengage Learning, 2018.

积极参与学生会的工作，负责组织各种校园活动，如迎新晚会、校园招聘会等。他能够与不同年级、不同专业的同学以及校外的企业代表建立良好的关系。在实习过程中，他选择了一家广告公司的销售岗位，凭借出色的沟通能力和人际交往能力，很快与客户建立了信任关系，成功拓展了多个客户资源。外倾性的性格使小张在市场营销、销售、公关等需要频繁与人互动的职业中如鱼得水，能够快速建立人际关系网络，有效地推广产品和服务，为公司带来业务增长。

（2）宜人性（Agreeableness）：宜人性主要反映个体在人际关系中的友善、合作和同情的程度。宜人性高的人善解人意、乐于助人，愿意与他人建立和谐的关系。小赵是一名教育学专业的学生，宜人性维度得分较高。他心地善良，善解人意，具有很强的同理心，乐于帮助他人，在同学中口碑很好。在学校的志愿者活动中，小赵经常参与支教和社区服务项目，对待学生和社区居民耐心细致，能够充分理解他们的需求和问题，并给予帮助和支持。在实习期间，他在一所小学担任实习教师，深受学生的喜爱。他能够与同事和家长保持良好的沟通，积极配合学校的各项工作。宜人性的特质使小赵在教育、咨询、客户服务等职业中具有很大的优势，能够与学生、客户建立良好的关系，提高服务质量和教学效果，促进职业的发展。

（3）责任心（Conscientiousness）：这一维度体现了个体的责任感、自律性和条理性。责任心强的人做事认真负责，有明确的目标，并且能够坚持不懈地追求目标的实现。小王是一名会计学专业的学生，责任心维度得分较高。他对待学习认真负责，总是按时完成作业，对待课程项目和考试也非常严谨，注重细节，追求完美。在学校的会计社团中，小王担任财务负责人，认真管理社团的经费收支，定期制作详细的财务报表，确保账目清晰准确。在寻找实习机会时，他成功进入了一家大型企业的财务部门。在实习期间，他对待每一笔账目都仔细核对，严格遵守公司的财务制度和流程，很少出现错误。高责任心使小王在财务领域能够赢得同事和领导的信任，容易在会计、审计等需要高度责任感和严谨态度的职业中脱颖而出，为未来的职业发展打下坚实的基础。

（4）神经质（Neuroticism）：神经质维度衡量个体情绪的稳定性。神经质水平高的人情绪容易波动，更容易体验到焦虑、抑郁等负面情绪；而神经质水平低的人情绪比较稳定，能够更好地应对压力和挫折。小孙是一名计算机科学与技术专业的学生，情绪稳定性得分较低，容易感到焦虑和紧张，尤其是在面对压力和挑战时。在学习过程中，小孙遇到复杂的编程问题或考试压力时，会出现情绪波动，影响学习效率和成绩。在参加一些编程竞赛时，他也会因为紧张而出现失误。但是，小孙意识到自己的情绪问题后，积极寻求解决方法，通过学习情绪管理技巧和进行心理调适，逐渐提高了自己的情绪稳定性。经过自我调整，小孙在未来的职业发展中能够更好地应对工作中的压力和挑战，如面对项目截止日期、技术难题等情况时，能够保持冷静和理智，发挥出自己的专业水平，避免因情绪问题而影响工作表现。

（5）开放性（Openness）：开放性高的人富有想象力、好奇心强，对新观念、新文化和新体验持开放态度。他们喜欢探索未知，追求知识和艺术等领域的丰富体验。小李是一名艺术设计专业的学生，在大五人格测试中开放性得分很高。他对新事物充满好奇，喜欢探索不同的艺术风格和设计理念，具有丰富的想象力和创造力。在大学期间，小李积极参加各种设计比赛和创意活动，经常能够提出独特的设计思路和方案。他还主动学习新兴的设计软件和技术，不断拓宽自己的知识面和技能领域。在选择实习单位时，他倾向于选择那些注重创新和设计感的公司，如一些小型的创意工作室或互联网公司的设计部门。这种开放性的性格特质使他在创意设计领域具有很大的优势，能够快速适应行业的变化和发展，不断推陈出新，为公司带来新的创意和活力。

根据研究，大五人格各个维度的高低分具有不同的特征，如表 2-1 所示：

表 2-1　大五人格各个维度高低分的不同表现

因素	低分	高分
外倾性	孤独、不合群	喜欢参加集体活动
	安静	健谈
	被动	主动
	缄默	热情
宜人性	多疑	信任
	刻薄	宽容
	无情	心软
	易怒	好脾气
责任心	马虎	认真
	懒惰	勤奋
	杂乱无章	井井有条
	不守时	守时
神经质	冷静	自寻烦恼
	不温不火	情绪不稳定
	自在	害羞
	感情淡漠	感情用事

续表

因素	低分	高分
开放性	刻板	富于想象
	创造性弱	创造性强
	遵守习俗	标新立异
	缺乏好奇心	好奇心强

2）大五人格理论评价

大五人格理论是一种有效的人格描述模型，是世界上研究和使用人数最多的人格特质测量方式，具有跨文化的普遍性、较高的稳定性和良好的预测效度。在国内，大五人格理论正处于快速发展和深入应用的阶段，不但在学术研究中持续受到关注，而且在教育、企业管理、心理咨询等多个实际领域发挥着重要作用。

然而，也有学者质疑该理论是否能够全面、准确地描述个体的所有特质，以及在不同文化背景下的适用性等方面。一种常见的观点是大五人格并不能解释人类的全部性格特质。基于因素分析发现，大五人格理论能描述现象中的人格特质，但不能解释现象本身，也不能解释各因素相互间是如何作用的，以及各因素如何与情境产生交互作用。还有学者提出，大五人格模型基于词汇假设这一事实表明该模型在方法论上存在严重缺陷，特别是在其主要因素外倾性和神经质方面（McAdams，1995）。

2. MBTI性格类型理论

1）MBTI理论维度

迈尔斯-布里格斯性格分类指标（Myers-Briggs Type Indicator，MBTI）理论认为，人的心理可以通过四个维度来描述，即个体能量的流动方向：外倾（Extraversion,E）与内倾（Introversion,I）偏好；个体获取信息的感知方式：感觉（Sensing,S）与直觉（Intuition,N）偏好；个体处理信息的决策方式：思考（Thinking,T）与情感（Feeling,F）偏好；个体与周围世界的接触方式：判断（Judging,J）与知觉（Perceiving,P）偏好。它基于心理学家卡尔·荣格（Carl G.Jung）的心理学理论，将人的性格分为16种类型。MBTI通过四个维度来描述性格[①]：

（1）外向（E）—内向（I）：这个维度主要衡量个体获取能量的方式。外向的人倾向于从外部世界获取能量，他们喜欢与人交往、参加社交活动，在人群中往往感到精力充沛。内向的人则相反，他们通过独处、深入思考来恢复能量，过多的社

[①] Myers, I.B. & McCaulley, M.H. Manual: A guide to the development and use of the Myers-Briggs Type Indicator[M]. 2nd ed. Palo Alto, CA: Consulting Psychologists Press, 1985.

交活动可能会让他们感到疲惫。

（2）感觉（S）—直觉（N）：感觉型的人注重实际的、具体的信息，他们更信赖五官所感知到的现实世界，善于处理细节，在工作中更倾向于按部就班地完成任务。直觉型的人则更关注抽象的概念、未来的可能性，他们富有想象力，能够看到事物的潜在联系和发展趋势。

（3）思考（T）—情感（F）：思考型的人在做决策时主要依据逻辑和客观分析，他们注重事实和公平原则，往往比较冷静、理智。情感型的人在决策过程中会更多地考虑他人的感受和价值观，他们富有同情心，以和谐的人际关系为重要考量因素。

（4）判断（J）—知觉（P）：判断型的人喜欢有计划、有条理的生活和工作方式，他们倾向于快速作出决定，并且按照计划执行。感知型的人则更加灵活、开放，他们喜欢在过程中探索各种可能性，往往比较随性，不喜欢被严格的计划束缚。

该理论各个维度的具体表现如图 2-1 所示：

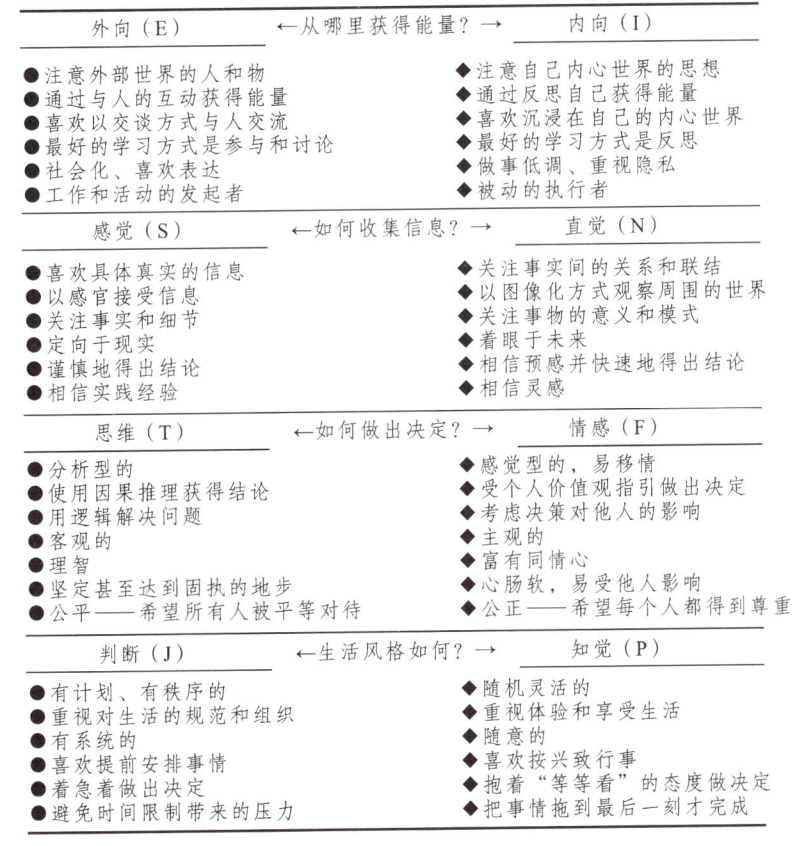

图 2-1　MBTI 各个维度的表现

2）MBTI 理论评价

MBTI 理论有助于人们认识自己、更深入地自省，思考或改进自己看待事物的方式；同时，也有利于人们理解个体之间的差异，认识到每个个体认识世界的方式并不完全相同，从而形成不同的思想观念与行为风格，从而理解对方，求同存异，达到人际和谐。

然而，该理论也颇有争议。首先，MBTI 的理论基础缺乏科学验证。MBTI 源于荣格的心理类型理论，但荣格的理论本身基于哲学和观察性的主观推测，并非基于现代心理学的研究方法，因此 MBTI 的分类系统缺乏足够的实证支持。其次，MBTI 在四个维度上将人进行简单的二分类划分，那么这四个维度在人群中的理论预期分数应为双峰分布，即大多数人的测试得分将位于轴的两端，而非中间。然而有研究表明，MBTI 的实际测试数据通常呈现连续分布，说明没有足够的证据表明存在这样二分类的人格类型群体。也就是说，简单地将人分为 I/E、S/N、T/F、J/P 中的其中一类是不严谨的，这样忽略了人群中人格特质的连续分布。事实上，许多人的测试分数接近某些维度的中点，强行将其归为某一类是不合理的，采用每个维度的相对倾向连续值来解读会更科学一些。再者，MBTI 的重测信度不够高，在 0.48~0.73 之间，低于理论预期的信度标准。有研究发现，在第二次测试中，约 50% 的人测得的 MBTI 结果与第一次相比发生了变化，这表明 MBTI 的结果无法准确地反映个体稳定的心理特质，不能可靠地预测个体的行为模式。最后，人格分类本身也隐含着一些固有的弊处，它可能会形成一种自我实现的预言。如果我们陷入人格分类的泥淖，对所有人进行死板的分类，只是把他们身上的性格特征放大，使这种性格更加明显，反之，别人也会根据我们的人格类型来看待我们，我们也可能因此更加深信他人对我们的解读。这样，就很可能会把他人眼中的自己当作真正的自己，并且按照这样的要求来塑造自己。过于迷信各种人格理论的解读是狭隘的，毕竟人是多面的，也是动态发展变化的，并非总是受到人格类型的定义与控制。

总之，MBTI 作为一种目前十分流行的人格测量工具，在理论上的有效性仍然缺乏足够的实证数据支持，因此应当被更审慎地看待与应用。尤其在教育、企业等环境中，在没有足够研究证据支持的情况下，MBTI 如果被滥用、错用，在预测、归因与决策时可能会产生误导，以及导致一些刻板印象与歧视的负面影响。

（二）性格类型与职业适配性的具体表现

1. 大五人格与职业适配性

1）外倾性

外倾性高的人热情、开朗、积极主动，喜欢社交活动，在人群中表现自如，能从与他人互动中获取快乐；外倾性低的人较为内向、安静、独立。高外倾性者的适配职业有：①销售岗位。高外倾性者善于与人交往，能快速与客户建立联系、建立信任关系，凭借积极主动和出色沟通能力，挖掘客户需求、推广产品服务，如房产销售、保险销售等岗位。②公关岗位，需要频繁与媒体、合作伙伴、社会公众等打交道。高外倾性者能轻松应对各种社交场合，处理复杂人际关系，维护企业良好形象。③演艺娱乐行业，如演员、主持人等。这类职业要求从业者在镜头前或舞台上表现活跃，而高外倾性者乐于展现自我，享受聚光灯下的生活，能更好适应行业需求。

2）宜人性

宜人性体现个体在人际关系中的友善、合作、同情程度。高宜人性者善解人意、乐于助人、宽容，愿意与他人建立和谐关系；低宜人性者相对自我中心、不合群。高宜人性者的适配职业有：①教育行业。教师需要关爱学生、理解学生，高宜人性的教师更能耐心倾听学生问题，给予情感支持和帮助，营造良好师生关系，促进学生学习成长。②医护行业。医护人员面对患者时，高宜人性特质使其能给予患者充分关怀、理解和耐心，提升患者就医体验，利于患者康复，如护士、心理咨询师等岗位。③客服岗位。高宜人性者能站在客户角度思考，友善、耐心地处理客户的咨询和投诉，解决客户问题，提升客户满意度和忠诚度。

3）责任心

该维度体现个体责任感、自律性和条理性。高责任心者做事认真负责，有明确目标，能坚持不懈追求目标；低责任心者相对随性、冲动、缺乏规划。高责任心者适配的职业有：①项目管理岗位。这类岗位需要制订计划、组织资源、监督进度等。高责任心者能严格把控项目各个环节，确保项目按时、高质量完成，对项目结果负责。②财务岗位。这类岗位涉及资金管理、账务处理等重要工作，容不得半点差错。高责任心的财务人员会严谨对待每笔账目，遵守财务制度，保障企业财务安全。③科研岗位。科研工作需要长期投入、态度严谨、高度自律，高责任心科研人员会认真设计实验、采集数据、分析结果，对科研成果负责，推动科研项目进展。

4）神经质

神经质衡量个体情绪稳定性。高神经质者情绪容易波动，易体验到焦虑、抑郁等负面情绪；低神经质者情绪稳定，能更好应对压力和挫折。低神经质者适配的职业有：①应急救援岗位，如消防员、警察等。这类岗位在工作中常面临危险、紧急情况和巨大压力，低神经质者能保持冷静，迅速做出正确判断和行动，有效处理危机。②金融交易岗位。金融市场波动大，交易员需要在高压下做出决策，而低神经质者情绪稳定，不易受市场波动影响，能理性分析行情，做出合理投资决策。高神经质者适合（相对较少，但并非完全不适合）在某些创意艺术领域工作。高神经质者情绪丰富、感受敏锐，可能更易产生独特创意和灵感，如作家、艺术家等，不过需注意有效管理情绪，避免过度负面情绪干扰创作。

5）开放性

开放性高的人富有想象力、好奇心强，对新观念、新文化和新体验持开放态度；开放性低的人相对传统、保守、循规蹈矩。开放性高者适配的职业有：①创新研发岗位，如科技企业的研发工程师、产品设计师等。高开放性者乐于探索新技术、新方法，能够快速接受新观念，为产品创新和技术突破贡献创意和想法。②文化艺术领域，如导演、编剧、画家等职业。高开放性者对不同文化、艺术形式的包容度高，能从多样体验中汲取灵感，创作出独特、新颖的作品。③战略咨询岗位。这类岗位需要对不同行业、商业模式等进行研究分析，提出创新性战略方案，而高开放性者凭借对新事物的好奇和开放心态，能更好地适应多变的咨询需求，为企业提供前瞻性建议。

2. MBTI 理论与职业适配性

1）外向型与内向型

（1）外向型（E）适配职业：外向型的人适合从事需要大量人际互动的职业。销售岗位对于他们来说是一个很好的选择。外向型的销售人员能够积极主动地与客户沟通，快速建立联系，并且通过热情的交流来推销产品或服务。公关、市场营销等职业也很适合他们，因为这些职业需要与各种人群打交道，如媒体、合作伙伴和消费者，外向型的人可以在这种频繁的社交互动中充分发挥自己的优势。

（2）内向型（I）适配职业：内向型的人更适合从事需要独立思考和深度钻研的工作，如科研工作者。内向型的人可以在安静的实验室环境中，独自进行实验设计、数据分析等工作，不受外界干扰。程序员也是内向型的人比较适合的职业之一，他们可以专注于编写代码，解决复杂的技术问题。此外，文案策划、编辑等工作也适合内向型的人，他们能够静下心来，深入思考内容创作和编辑工作。

2）感觉型与直觉型

（1）感觉型（S）适配职业：感觉型的人在注重细节和实际操作的职业中表现出色。例如，会计职业需要精确地处理大量的数字和财务信息，感觉型的人能够凭借他们对细节的关注和实际操作能力，准确地完成账目记录、财务报表编制等工作。手工艺人、厨师等职业也适合感觉型的人，他们可以通过具体的材料和实际的操作步骤，制作出精美的手工艺品或美味的菜肴。

（2）直觉型（N）适配职业：直觉型的人适合从事需要创新思维和战略规划的职业。例如设计师需要凭借直觉去捕捉灵感，创造出具有前瞻性和创新性的设计作品。战略咨询师则要运用直觉去预见行业的发展趋势，为企业提供战略规划建议。在科研领域，那些需要提出新理论、开拓新研究方向的岗位也更适合直觉型的人，他们能够看到事物潜在的可能性，为科研创新提供思路。

3）思考型与情感型

（1）思考型（T）适配职业：思考型的人在需要客观分析和理性决策的职业中具有优势。比如金融分析师，他们要依据大量的数据和市场情况，通过理性的思考和分析，做出准确的投资建议。工程师在设计和解决工程问题时，也需要运用思考型的特质，从技术和逻辑的角度出发，确保工程的可行性和安全性。律师在法庭辩论和法律文书撰写的过程中，同样要保持冷静的思考，以事实和法律为依据进行辩护。

（2）情感型（F）适配职业：情感型的人更适合从事需要关注他人情感和人际关系的职业。例如教师职业需要教师能够理解学生的情感需求，用情感去引导和教育学生。人力资源工作者要善于感知员工的情绪和需求，在招聘、培训和员工关系管理等环节发挥情感型特质的优势。心理咨询师更是情感型人发挥才能的舞台，他们能够凭借对他人情感的敏锐洞察力，帮助来访者解决心理问题。

4）判断型与感知型

（1）判断型（J）适配职业：判断型的人适合在有明确目标和严格时间限制的工作环境中工作。例如项目经理需要按照预定的计划和时间表，组织和协调团队成员完成项目任务。而判断型的人能够提前制订详细的计划，并且严格监督执行情况，确保项目按时、高质量地完成。行政管理人员也需要具备判断型的特质，他们需要高效地处理各种行政事务，按照既定的规则和程序进行工作安排。

（2）感知型（P）适配职业：感知型的人在灵活性和适应性要求较高的职业中更能发挥优势。例如记者需要根据新闻事件的突发情况，随时调整采访计划和报道角度。他们能够在不断变化的新闻现场中，灵活地获取信息并撰写报道。创意工作者如广告创意人、艺术家等也适合感知型的人，他们可以在创作过程中自由地探索各种创意，不受固定计划的束缚，发挥自己的创造力。

（三）性格类型与职业适配性的重要性

1. 提高工作满意度

当个体的性格类型与职业相适配时，他们在工作中能够更好地发挥自己的优势，从而获得更高的工作满意度。性格外向、喜欢与人交往的人从事销售工作，他能够在与客户互动的过程中感受到快乐和成就感，因为这份工作符合他的性格特点，让他能够充分展现自己的社交才能。相反，内向型的人被迫从事大量人际互动的销售工作，可能会因为频繁的社交活动而感到疲惫和压力，导致工作满意度较低。

2. 提升工作效率

适配的性格类型有助于提升工作效率。以感觉型和直觉型为例，感觉型的人在处理细节工作时能够更加专注和高效，因为他们擅长关注实际的信息和具体的操作步骤。而直觉型的人在创新和战略规划方面能够更快地产生灵感，提出新的想法和思路，因为他们善于把握事物的潜在联系和发展趋势。这种基于性格类型的工作适配能够使个体在工作中更加得心应手，提高工作效率。

3. 促进职业发展

性格与职业的适配性对于职业发展也具有重要的意义。当个体在适合自己性格的职业环境中工作时，他们更容易获得成功，从而为职业晋升创造条件。例如，在金融分析领域，思考型的人凭借其理性的决策能力和客观的分析能力，能够在工作中做出准确的投资分析，为公司创造价值，进而获得更多的晋升机会。同时，在适配的职业环境中，个体也更容易保持积极的工作心态，持续提升自己的职业能力，推动职业的长期发展。

二、性格测试工具的使用

（一）常见性格测试工具介绍

1. 大五人格测试

1）测试内容

大五人格测试聚焦于开放性、责任心、外向性、宜人性和神经质这五个维度。测试通常采用自陈式问卷的方式，包含一系列描述个人性格特点的陈述，受测者需要根据自己的实际情况选择符合程度。比如，"我经常尝试新的食物、音乐或其他文化体验"这一陈述可以用于衡量开放性维度。

2）适用场景与人群

大五人格测试在心理学研究、人力资源管理等领域应用较多。在学术研究中，它可以帮助研究者了解个体性格差异与各种行为、心理现象之间的关系。在企业人力资源管理中，它可用于招聘、员工培训与发展等环节，帮助企业选拔出具有合适性格特质的人才，同时也能为员工的职业发展提供参考。

2. MBTI职业性格测试

1）测试内容

MBTI通过四个维度来衡量性格，即外向（E）—内向（I）、感觉（S）—直觉（N）、思考（T）—情感（F）、判断（J）—感知（P）。测试题目会围绕个体在不同情境下的偏好、行为方式等来进行设计。例如，题目测试"当你面对一个新的任务时，你更倾向于（A）和他人一起讨论如何完成，还是（B）自己先思考一番？"

这有助于判断个体是外向型还是内向型。

2）适用场景与人群

MBTI广泛适用于职业规划、团队建设、个人成长等领域，对于即将步入职场的大学生、想要转换职业的人或者企业在进行团队组建和岗位匹配时非常有用。它能够帮助个体了解自己的性格类型，从而找到更适合自己的职业方向；也能让管理者更好地理解团队成员的性格差异，合理分配工作任务。

（二）性格测试工具的使用方法

1. 测试前的准备

（1）选择合适的测试工具：要根据自己的目的来选择测试工具。如果主要是为了了解自己的性格在职业选择中的适配性，MBTI测试可能更合适；如果是想从更全面的心理学角度了解自己的人格特点，大五人格测试是不错的选择。同时，要确保测试工具的来源可靠，最好选择经过科学验证和广泛应用的版本。

（2）创造安静的测试环境：测试环境的好坏会影响测试结果的准确性。找一个安静、舒适、没有干扰的空间，这样可以让自己能够集中精力回答问题。

2. 测试过程中的注意事项

（1）认真阅读题目和选项：性格测试的题目通常比较复杂，需要仔细理解题意。有些题目可能会包含一些容易混淆的概念或者具有细微差别的选项。要按照自己的真实想法和行为习惯来回答，不要猜测所谓的"正确答案"。因为性格测试没有绝对的对错之分，只是为了反映你的真实性格。

（2）保持一致性和诚实性：在回答问题的过程中，要保持前后一致。如果在前面的题目中选择了某个选项，表明自己是一种比较倾向的行为方式，那么在后面类似的题目中也应该尽量按照相同的逻辑回答。同时，要诚实回答问题，不要为了得到一个自己想要的结果而故意歪曲自己的真实情况。

3. 测试后的结果处理

（1）仔细阅读测试报告：完成测试后，会得到一份测试报告。要认真阅读报告中的内容，包括对自己性格类型的描述、各维度的得分情况（如果有）以及相关的解释和建议。例如，在MBTI测试报告中，会详细说明你所属的性格类型（如ENTP）以及这种类型的人的典型特点、职业适配方向等。

（2）结合自身实际情况分析：测试结果只是一个参考，不能完全定义个人。要将测试结果与自己的实际生活、工作经历相结合来分析。比如，测试结果显示你是一个外向型的人，但你可能在某些特定情境下也会享受独处，这时就需要思考这种差异产生的原因，是测试误差还是因为自己在不同情境下有不同的表现。

（三）性格测试结果的解读

1. 理解性格类型的描述

（1）把握核心特征：对于每种性格类型的描述，要抓住其核心特征。以 MBTI 中的 INTJ 为例，其核心特征是理性、有远见、善于独立思考和规划。在解读时，要明白这些核心特征会如何体现在自己的行为、思维和情感方式上。这种类型的人在工作中可能会更倾向于独自制订详细的工作计划，凭借自己的理性分析来解决问题。

（2）关注性格的优势和劣势：性格类型描述中通常会提到该类型的优势和劣势。了解这些可以帮助这类人更好地发挥自己的优势，同时注意避免劣势带来的负面影响。例如，ISTJ 类型的人的优势是做事认真、有条理，但可能过于保守、不善于灵活应变。在工作中，他们可以利用自己的条理性来高效地完成任务，但也要有意识地尝试接受新的观念和工作方式，克服过于保守的问题。

2. 将性格类型与职业适配性联系起来

（1）参考职业推荐：大多数性格测试报告都会提供与性格类型相匹配的职业推荐。要仔细研究这些职业推荐，思考它们是否符合自己的职业期望和兴趣。例如，测试报告可能推荐 ENFP 类型的人从事市场营销、广告创意、人力资源等职业。而这类型的人可以据此进一步了解这些职业的具体工作内容、发展前景等，看看是否真的适合自己。

（2）考虑职业环境因素：除了职业本身的内容，还要考虑职业所处的环境。职业环境包括工作氛围（是团队合作型还是独立工作型）、工作压力（是高压力、快节奏还是相对轻松）等因素。例如，一个内向型的人可能适合从事数据分析工作，但如果这份工作处于一个非常嘈杂、需要频繁沟通的团队环境中，可能也会给他带来困扰。所以要综合考虑性格与职业环境的适配性。

3. 动态看待性格测试结果

（1）性格的可变性：要认识到性格不是一成不变的。随着个人经历、生活环境的变化，性格也可能会发生改变。原本比较内向的人在从事了多年的销售工作后，可能会变得外向。所以，性格测试结果只是某一时刻的快照，要以动态的眼光看待它。

（2）测试的局限性：性格测试工具本身也有一定的局限性。它们是基于一定的理论模型和样本数据开发的，可能无法完全准确地反映每个人的性格。而且，人的行为和心理是复杂多样的，不能仅仅通过测试结果来进行简单的归类。因此，在解读测试结果时，要保持理性和批判性思维，将其作为了解自己的一种辅助工具，而不是绝对的判断依据。

第二节　大学生兴趣与职业选择

一、兴趣与职业选择的重要性

（一）兴趣的界定

兴趣是个体对特定事物、活动或领域表现出的积极的心理倾向。它源于个体内心的好奇、喜好和对某种事物的吸引力的感知。从心理学角度看，兴趣能够激发个体的内在动机，促使人们主动地去探索、学习和参与相关的活动。对绘画有兴趣的人，会在看到美丽的画作时产生愉悦感，并且会主动寻找机会去学习绘画技巧、参观画展或者自己进行创作。

（二）兴趣在职业选择中的作用

兴趣在职业选择中扮演着至关重要的角色，它就像一个指南针，引导个体走向适合自己的职业道路。当个体对某一职业领域充满兴趣时，他们会更有动力去了解这个职业的各个方面，包括所需的知识和技能、工作内容和环境等。这种动力会驱使他们积极地为进入这个职业领域做准备，如参加相关的培训课程、获取专业证书或者积累实践经验。

而且，基于兴趣选择的职业能够让个体在工作过程中体验到更多的满足感和成就感。工作不再仅仅是一种谋生手段，更是一种享受和自我实现的方式。例如，热爱动物的人选择成为一名兽医，在为动物治疗疾病、减轻痛苦的过程中，他会因为自己的工作能够帮助到这些可爱的生命而感到由衷的快乐，这种积极的情绪会进一步激发他在工作中的投入度和创造力。

（三）兴趣影响职业选择

1. 兴趣引导职业探索

（1）早期职业意识的觉醒：兴趣往往在个体早期就开始对职业意识产生影

响。在童年和青少年时期，人们通过对各种事物的兴趣来初步勾勒出自己未来职业的轮廓。对太空探索充满好奇的孩子，可能会通过阅读科普书籍、观看科幻电影等方式来满足自己的兴趣，并且逐渐产生成为一名宇航员或航天工程师的职业梦想。

（2）广泛的职业信息收集：兴趣促使个体主动去收集有关职业的信息。当对某个职业领域产生兴趣后，人们会通过多种渠道去了解这个职业，如参加职业讲座、与从事该职业的人交流、浏览专业网站和论坛等。这种信息收集的过程有助于个体更加全面地认识不同职业的特点，包括工作内容、职业发展路径、薪资待遇等方面，从而为职业选择提供更充分的依据。

2. 兴趣与职业满意度

（1）内在动力的激发：基于兴趣的职业选择能够为个体提供持续的内在动力。在工作中，这种动力表现为更高的工作热情和积极性。对软件开发有浓厚兴趣的程序员，会主动关注最新的编程语言和技术趋势，加强学习和实践，不断提升自己的专业技能。这种内在动力不仅有助于提高工作效率和质量，而且能让个体在面对工作中的困难和挑战时保持坚韧不拔的精神。

（2）工作满意度的提升：当职业与兴趣相匹配时，个体能够从工作中获得更高的满意度。他们会在工作过程中体验到快乐、满足和成就感，因为工作内容符合他们的喜好，能够让他们发挥自己的优势。对教育事业充满兴趣的教师，在课堂教学、学生辅导等工作环节中能够感受到自己的价值，看到学生的成长和进步会让他感到无比欣慰，这种积极的情感体验会大大提升他对工作的满意度。

3. 兴趣对职业稳定性的影响

（1）降低职业转换的可能性：兴趣有助于增强职业稳定性。当个体对自己的职业有浓厚的兴趣时，他们更倾向于长期从事这个职业，而不是轻易地转换职业。因为他们在工作中能够获得满足感和成就感，并且愿意不断地投入时间和精力来发展自己的职业生涯。热爱历史研究的学者，会在历史领域精耕细作，即使面临一些困难和挑战，如研究经费紧张、学术竞争激烈等，也会因为对历史研究的热爱而坚持下去，而不是轻易地放弃这个职业去寻找其他机会。

（2）职业忠诚度的提高：对职业的兴趣能够提高个体的职业忠诚度。具有高职业忠诚度的人会更加珍惜自己的工作机会，积极维护所在单位或行业的声誉和利益。他们会以更加负责的态度对待工作，为职业的发展和进步贡献自己的力量。对环保事业充满兴趣的环保工作者，会全身心地投入环保工作中，积极宣传环保理念，推动环保项目的实施，并且会对自己的职业身份感到自豪，这种忠诚度对于个人的职业发展和整个行业的稳定都具有重要的意义。

（四）根据兴趣进行职业选择

1. 自我探索：发现自己的兴趣所在

（1）回顾过往经历：通过回顾自己的成长经历，包括童年的爱好、学生时代喜欢的科目和课外活动等，来发现自己潜在的兴趣。例如，如果在学生时代一直对数学竞赛感兴趣，并且在解决数学难题的过程中获得了成就感，那么可能在数据分析、金融工程等职业领域会有潜在的兴趣。

（2）关注日常生活中的兴趣点：注意自己在日常生活中的兴趣表现，如业余时间喜欢做的事情、经常关注的话题或领域等。例如，如果你经常在业余时间阅读美食博客、尝试新的食谱，并且对各种食材和烹饪技巧充满好奇，那么餐饮行业、美食编辑等职业可能会比较适合你。

2. 兴趣与能力的匹配

（1）评估自己的能力：在确定兴趣领域后，要评估自己是否具备从事相关职业的能力。兴趣是职业选择的重要因素，但能力也是不可或缺的。例如，对绘画有浓厚的兴趣，但如果缺乏基本的绘画技巧和艺术表现力，可能就需要通过学习和训练来提升自己的能力，才能考虑从事画家、插画师等职业。

（2）寻找兴趣与能力的平衡点：理想的职业选择是兴趣与能力相匹配的状态。这意味着要在自己感兴趣的领域中，找到能够发挥自己能力优势的职业方向。例如，一个对计算机编程有兴趣并且逻辑思维能力较强的人，可以考虑从事软件开发、人工智能等需要较强逻辑思维能力的职业，这样既能满足兴趣需求，又能充分发挥自己的能力优势。

3. 职业探索与体验

（1）了解职业的实际情况：在根据兴趣初步筛选出职业方向后，要深入了解这些职业的实际情况。大学生可以通过实习、兼职、参加行业活动等方式来亲身体验职业生活。例如，如果对市场营销感兴趣，可以申请到一家公司的市场部进行实习，通过参与市场调研、广告策划、促销活动等工作环节，了解市场营销职业的真实工作内容、工作压力和职业发展前景。

（2）调整和优化职业选择：在职业探索和体验的过程中，可能会发现自己最初的兴趣和实际的职业情况存在差异。这时，要根据自己的体验和感受，对职业选择进行调整和优化。例如，在实习过程中，可能发现自己对市场营销中的市场调研部分更感兴趣，而对广告策划不太感冒，那么可以考虑将职业方向聚焦在市场调研领域，进一步探索适合自己的职业道路。

二、职业兴趣探索方法与工具

（一）自我反思与记录

1. 方法介绍

自我反思是一种最基本也是最深入的职业兴趣探索方法。它要求个体静下心来，回顾自己的生活经历、爱好、活动参与情况等各个方面，从中发现自己的兴趣所在。在自我反思过程中，记录是一个非常重要的辅助手段，可以准备一个专门的笔记本或者使用电子文档，将自己回忆起的与兴趣有关的事件、感受等详细记录下来。

笔记本或电子文档中可以记录自己在不同阶段最喜欢的科目、课外活动、业余爱好、自愿参与的项目等内容，并且针对每一项记录，详细描述自己当时的感受，比如是因为什么而喜欢这个科目或活动，在参与过程中有什么特别的体验，是享受解决问题的过程，还是喜欢与人互动的氛围等。

2. 优点与局限性

（1）优点：这种方法能够深入挖掘个体内心深处的兴趣，因为它基于个人真实的生活经历，具有很高的针对性和个性色彩。记录能使模糊的记忆和感受清晰化，有助于梳理自己的兴趣脉络。

（2）局限性：自我反思可能会受到记忆偏差和主观认知的限制。有时候，人们可能会过度美化或遗忘某些经历，导致对自己兴趣的判断出现偏差。而且，仅仅依靠自我反思，可能无法发现一些潜在的兴趣，因为个体可能没有接触过相关的领域或活动。

（二）兴趣清单法

1. 方法介绍

兴趣清单法是一种通过列举一系列职业相关的兴趣选项，让个体进行选择和排序的方法。这些兴趣选项可以涵盖不同的职业领域、工作内容、技能要求等多个维度。例如，清单中可能包括"喜欢与人沟通交流""对数字分析感兴趣""热衷于创意设计""享受动手操作机械"等选项。

个体需要根据自己的喜好程度对这些选项进行选择和排序。可以采用打分的方式，如以 1~5 分来表示兴趣的高低程度，也可以直接进行排序，将最感兴趣的选项排在前面。通过这种方式，能够直观地展现出个体对不同职业兴趣点的偏好。

2. 优点与局限性

（1）优点：兴趣清单法简单易行，能够快速地获取个体对不同职业兴趣的大致情况。它提供了一个较为系统的框架，帮助个体梳理自己的兴趣，并且可以将自己的兴趣与具体的职业特征联系起来，为职业选择提供初步的参考。

（2）局限性：清单选项是预先设定的，可能无法完全涵盖个体所有的兴趣点。而且，个体在选择和排序过程中，可能会受到选项表述方式、当时的情绪状态等因素的影响，导致结果不够准确。

（三）生涯人物访谈

1. 方法介绍

生涯人物访谈是指通过与从事自己感兴趣职业的人进行面对面的交流，来了解该职业的实际情况和所需的兴趣匹配度。在进行访谈之前，需要确定访谈对象，可以通过亲戚朋友介绍、校友网络、社交媒体平台、专业机构推荐等多种渠道寻找合适的人选。

在访谈过程中，要准备好一系列有针对性的问题，例如，"您当初是如何发现自己对这个职业感兴趣的？""您在日常工作中最喜欢的部分是什么？最具挑战性的部分又是什么？""您认为从事这个职业需要具备哪些兴趣特点？"等等。通过与这些生涯人物的深入交流，能够从他们的实际经验中获取关于职业兴趣的宝贵信息。

2. 优点与局限性

（1）优点：生涯人物访谈能够提供最真实、最接地气的职业信息。与从业者直接交流，可以让个体深入了解该职业的工作细节、职业发展路径、行业现状和未来趋势等内容。而且，还能了解到从业者是如何将自己的兴趣与职业相结合的，为个体提供了实际的榜样和借鉴。

（2）局限性：这种方法可能会受到访谈对象的主观因素影响。不同的从业者对自己职业的感受和认知可能存在差异，他们的经验和观点不一定完全适用于每一个人。此外，寻找合适的访谈对象可能需要花费一定的时间和精力，并且访谈的质量也取决于访谈者自身的沟通能力和提问技巧。

（四）职业兴趣测试工具

1. 霍兰德职业兴趣测试（Self-Directed Search，SDS）

（1）测试内容与原理：霍兰德职业兴趣测试是目前应用最广泛的职业兴趣测试工具之一。它将职业兴趣分为六种类型，即现实型（R）、研究型（I）、艺术型（A）、社会型（S）、企业型（E）、常规型（C）。测试基于这样的理论：个体的职业兴趣倾向会影响其对不同职业环境的选择和适应，而不同的职业环境也需要与之匹配的兴趣类型。测试通过一系列的问题，了解个体对不同类型活动（如动手操作、理论研究、艺术创作、社交活动等）的兴趣程度，从而确定其职业兴趣类型。

（2）结果解读与应用：测试完成后，会得到一个或多个主要的职业兴趣类型代码。例如，一个人的测试结果可能是"RIA"，这代表他在现实型、研究型和艺术型方面有较高的兴趣倾向。根据这些代码，可以查找与之对应的职业推荐列表。这些推荐职业是基于大量的研究和统计数据得出的，与个体的兴趣类型具有较高的匹配度。个体可以利用这些推荐结果，进一步了解相关职业的详细信息，作为职业选择的重要参考。

2. 斯特朗-坎贝尔兴趣量表（Strong-Campbell Interest Inventory，SCII）

（1）测试内容与原理：SCII 是一个综合性的职业兴趣测试工具，它包含了大量的职业主题和个人兴趣项目。测试通过让个体对各种职业相关的活动、人物类型、学校科目等项目进行喜好程度的评价，来确定其职业兴趣模式。该量表的设计基于这样的理念：个体对不同职业相关项目的兴趣偏好可以反映其潜在的职业兴趣倾向，并且这种兴趣倾向与职业满意度和成功密切相关。

（2）结果解读与应用：测试结果会以详细的兴趣剖面图形式呈现，展示个体在不同职业领域、职业类型和工作活动中兴趣高低程度，并根据测试结果提供与个体兴趣最匹配的职业列表以及职业群分类。这些结果可以帮助个体明确自己的兴趣优势所在，发现潜在的职业兴趣领域，并且为职业选择和职业发展规划提供具体的指导建议。

第三节 大学生能力

一、一般能力与特殊能力在职业中的体现

（一）一般能力在职业中的体现

1. 认知能力

1）注意力与专注力

（1）体现方式：在许多职业中，注意力和专注力是至关重要的。例如，空中交通管制员需要长时间高度专注地监控雷达屏幕，追踪多架飞机的飞行轨迹，任何瞬间的分心都可能导致严重的后果；同样，外科医生在进行精细的手术操作时，必须将全部注意力集中在手术部位，精准地操作手术器械，以确保手术的安全和成功。

（2）重要性：这种能力能够保证工作的准确性和安全性，避免因疏忽而产生的错误，提高工作质量。

2）观察力

（1）体现方式：在一些职业领域，观察力起着关键作用。比如，侦探需要凭借敏锐的观察力来发现犯罪现场的蛛丝马迹，从微小的细节中寻找线索，从而破解案件；质量检验员要仔细观察产品的外观、结构和性能，以判断产品是否符合质量标准。

（2）重要性：良好的观察力有助于发现问题、收集信息，为后续的分析和决策提供依据，是确保工作有效性的重要因素。

3）记忆力

（1）体现方式：在教育行业，教师需要记住大量的教学内容、学生的特点和学习进度等信息；律师要牢记各种法律法规、案例细节，以便在法庭辩论或提供法律咨询时能够迅速准确地引用相关内容。

（2）重要性：记忆力是知识积累和应用的基础，能够提高工作效率，保证工作的连贯性和专业性。

2. 思维能力

1）逻辑思维能力

（1）体现方式：在编程领域，程序员需要运用逻辑思维来设计算法、编写代

码，确保程序的正确性和高效性；在金融行业，分析师需要运用逻辑思维来分析市场数据、评估投资风险，为投资者提供合理的建议。

（2）重要性：逻辑思维能力有助于解决复杂的问题，构建合理的工作流程和方案，是需要进行理性分析和决策职业的核心能力。

2）创新思维能力

（1）体现方式：广告设计师依靠创新思维来构思新颖独特的广告创意，吸引消费者的注意力；产品研发人员需要创新思维来开发新的产品功能和设计，满足市场不断变化的需求。

（2）重要性：创新思维能力能够为职业活动带来新的思路和方法，推动职业的发展和进步，增强个人和企业在市场中的竞争力。

3）批判性思维能力

（1）体现方式：在学术研究领域，学者运用批判性思维来审视现有理论、研究方法和实验结果，发现其中的不足并提出改进建议；新闻记者需要运用批判性思维来核实新闻来源、判断信息的真实性和价值，避免传播虚假信息。

（2）重要性：批判性思维能力有助于保证工作内容的质量和可靠性，避免盲目跟从，促进知识和信息的健康传播。

3．语言能力

1）口头表达能力

（1）体现方式：销售人员需要良好的口头表达能力来清晰、生动地介绍产品的特点和优势，说服客户购买产品；培训师要能够通过生动的讲解，将复杂的知识和技能传授给学员。

（2）重要性：口头表达能力有助于沟通交流，传递信息和观点，影响他人的态度和行为，是需要人际沟通技能的职业的关键能力。

2）书面表达能力

（1）体现方式：文案策划人员通过优秀的书面表达能力撰写吸引人的广告文案、宣传资料等；作家则凭借书面表达能力创作各种文学作品。

（2）重要性：书面表达能力能够准确地记录和传播思想、信息，是需要进行文字创作职业的必备能力。

（二）特殊能力在职业中的体现

1．艺术领域

1）绘画能力

（1）体现方式：画家通过绘画能力来创作各种绘画作品，从写实的肖像画到抽象的艺术画作，表达自己的情感和思想；插画师则运用绘画能力为书籍、杂志、广告等绘制插图，增强视觉吸引力。

（2）重要性：绘画能力是艺术创作的核心，决定了作品的艺术价值和市场价值，是在绘画相关职业中立足的根本。

2）音乐创作能力

（1）体现方式：作曲家依靠音乐创作能力谱写各种类型的音乐作品，如交响乐、流行歌曲等；音乐制作人要具备音乐创作能力来进行编曲、制作音乐小样等工作。

（2）重要性：音乐创作能力是音乐行业的关键能力，能够创造出具有艺术感染力的音乐作品，推动音乐文化的发展。

2. 体育领域

1）运动天赋与竞技能力

（1）体现方式：职业运动员凭借自身的运动天赋和竞技能力，如速度、力量、耐力、协调性等，在体育赛事中取得优异的成绩。例如，短跑运动员的爆发力和速度决定了他们在比赛中的表现，马拉松运动员的耐力是他们完成比赛的关键。

（2）重要性：运动天赋和竞技能力是体育职业的核心竞争力，是运动员获得荣誉和成就的基础。

2）体育教学与训练能力

（1）体现方式：体育教练通过体育教学与训练能力，根据运动员的特点制订训练计划，传授运动技能，提高运动员的竞技水平；体育教师则运用这种能力在学校开展体育教学活动，培养学生的体育兴趣和运动技能。

（2）重要性：体育教学与训练能力是体育教育职业的关键能力，能够有效地传授体育知识和技能，促进体育人才的培养。

3. 技术领域

1）机械操作能力

（1）体现方式：数控车工通过机械操作能力熟练地操作数控车床，加工出高精度的机械零件；起重机操作员凭借机械操作能力安全、准确地操控起重机进行吊装作业。

（2）重要性：机械操作能力是机械加工和操作职业的必备能力，能够保证机械作业的准确性和安全性，提高生产效率。

2）软件编程能力

（1）体现方式：软件工程师利用软件编程能力编写各种软件程序，从操作系统到手机应用程序，满足不同用户的需求；游戏开发人员通过软件编程能力制作各种游戏软件，为玩家提供娱乐体验。

（2）重要性：软件编程能力是软件行业的核心能力，能够创造出功能强大、用户体验良好的软件产品，推动信息技术的发展。

（三）一般能力与特殊能力的协同作用

在职业活动中，一般能力和特殊能力并不是孤立存在的，而是相互协同发挥作用。优秀的建筑设计师不仅需要具备绘画、空间想象等特殊能力来进行建筑设计草图的绘制和建筑空间的构思，而且需要良好的逻辑思维、观察力等一般能力。逻辑思维能力有助于设计师合理规划建筑结构，确保建筑的安全性和功能性；观察力能够让设计师从周围环境和现有建筑中获取灵感，同时在施工现场观察施工进度和质量。这种协同作用能够使个体在职业中发挥出更大的优势，更好地完成工作任务，实现职业目标。

二、能力评估与提升策略

（一）能力评估

1. 自我评估

1）方法与工具

（1）自我反思与记录：这是最基本的自我评估方法。个体可以定期回顾自己在工作或学习中的表现，思考在不同任务中自己所展现出的能力。在完成一个项目后，记录下自己在沟通协调、问题解决、知识运用等方面的情况，分析自己的优势和不足。同时，可以制作一个能力清单，将自己认为重要的能力列出来，如领导力、团队协作能力等，然后根据自己的实际表现进行打分。

（2）自我测试：利用一些专业的测试工具来评估自己的能力。比如，通过在线的逻辑思维测试了解自己的思维能力水平，或者使用语言能力测试软件评估自己的口头和书面表达能力。这些测试工具通常会有标准的评分体系，可以帮助个体获得相对客观的能力评估结果。

2）优势与局限

（1）优势：自我评估能够深入挖掘个体内心对自己能力的认知，是一种非常个性化的评估方式。它可以随时进行，不受时间和空间的限制，并且能够让个体更加主动地思考自己的能力状况。通过自我评估，个体可以发现自己在日常工作和生活中没有被充分重视的能力优势。

（2）局限：自我评估容易受到主观因素的影响，个体可能会高估或低估自己的能力。例如，由于缺乏外部参照，在评估自己的沟通能力时，可能会因为自己感觉良好而高估实际水平，或者因为过度谦虚而低估自己的能力。而且，自我评估可能缺乏系统性和全面性，无法涵盖所有的能力维度。

2. 他人评估

1）方法与工具

（1）上级评价：在工作环境中，上级的评价是一种重要的他人评估方式。上级通常对员工的工作表现有较为全面的了解，他们可以从员工在工作任务中的完成情况、对团队的贡献等方面进行能力评估。上级还可以通过绩效评估表格，对员工的专业技能、工作态度、团队协作等能力进行打分和评价。

（2）同事互评：同事之间相互评价也是一种有效的评估方法。同事在日常工作中有密切的合作关系，能够观察到对方在团队合作、沟通交流等方面的表现。通过问卷调查或者小组讨论的形式，同事们可以匿名对彼此的能力进行评价。例如，在一个项目团队中，成员可以互相评价对方在项目推进过程中的问题解决能力、创新能力等。

（3）360°评估：这是一种综合上级、同事、下属（如果有）以及客户（如果适用）等多方面反馈的评估方法。通过收集来自不同角度的评价信息，能够更全面地了解个体的能力状况。例如，对于一名企业的中层管理人员，360°评估可以包括上级对其领导能力和战略规划能力的评价、同事对其沟通协作能力的评价、下属对其管理风格和指导能力的评价以及客户对其服务质量和问题解决能力的评价。

2）优势与局限

（1）优势：他人评估能够提供外部视角，相对客观地反映个体的能力水平。上级和同事可以基于他们的经验和观察，发现个体自己可能没有意识到的能力优势或不足。360°评估更能从多个维度对个体进行评估，使评估结果更加全面和准确。

（2）局限：他人评估可能会受到评估者个人偏见、人际关系等因素的影响。例如，上级可能因为个人喜好或者对某个项目的偏见而对员工的能力评价产生偏差。同事之间的互评也可能受到竞争关系或者个人恩怨的影响，导致评价结果不够公正。

3. 专业机构评估

1）方法与工具

（1）标准化测试：专业机构通常会采用标准化的测试工具来评估个体的能力。在职业资格认证考试中，通过严格的笔试、实践操作考试等来评估个体是否具备从事某一职业的专业能力。这些测试工具经过科学的设计和验证，具有较高的信度和效度。

（2）能力评估中心：一些专业的能力评估中心会采用多种方法相结合的方式来评估个体的能力。通过模拟工作场景、案例分析、角色扮演等方式，观察个体在实际工作情境中的行为表现，从而评估其专业技能、沟通能力、决策能力等多种能力。

2）优势与局限

（1）优势：专业机构评估具有很高的专业性和客观性。标准化测试的结果具有广泛的认可度，能够为个体的能力提供权威的证明。能力评估中心的评估方法更加贴近实际工作场景，能够准确地评估个体在真实工作环境中的能力表现。

（2）局限：专业机构评估可能需要花费较高的成本，包括测试费用、时间成本等。而且，标准化测试可能会因为其固定的测试内容和形式，无法完全适应个体的特殊情况和多样化的能力表现。

（二）能力提升策略

1. 培训与学习

（1）内部培训：企业内部通常会提供各种培训课程来帮助员工提升能力。这些培训课程可以是针对专业技能的，也可以是关于通用能力的。个体可以积极参加这些内部培训课程，系统地学习新知识和技能。

（2）外部培训与进修：个体也可以参加外部的培训课程和进修项目。外部培训和进修可以使个体接触到更广泛的知识资源和先进的理念，拓宽个体的知识面和视野。

（3）在线学习平台：随着互联网的发展，在线学习平台成为一种便捷的学习方式。许多在线学习平台提供了丰富多样的课程，涵盖各种能力领域，如语言学习、数据分析、设计技能等。个体可以根据自己的需求和时间安排，选择合适的在线课程进行学习。

2. 实践与经验积累

（1）工作实践：在实际工作中，员工通过承担更多的工作任务和项目来积累经验，这是提升能力的重要途径。市场营销人员可以主动参与更多的市场调研和营销策划项目，在实践中不断提升自己的市场分析能力和策划能力。同时，在工作中遇到问题时，积极思考解决方案，也能够锻炼自己的问题解决能力。

（2）志愿服务与兼职：除了正式工作，参加志愿服务活动或者兼职工作也能够帮助个体积累经验和提升能力。参与社区志愿服务活动可以锻炼个体的组织协调能力和社会交往能力；通过兼职从事与自己职业目标相关的工作，可以提前了解该职业的工作内容和要求，为未来的职业发展积累经验。

3. 反馈与改进

（1）主动寻求反馈：个体应该主动向他人寻求反馈，包括上级、同事、客户等。完成一个项目后主动询问上级和同事对自己工作表现的意见和建议，了解自己在能力方面的优点和不足。对于客户的反馈，更要认真对待，因为客户的反馈直接反映了产品或服务是否满足市场需求。

（2）根据反馈制订改进计划：在获得反馈后，要根据反馈内容制订详细的改进计划。如果反馈显示自己的沟通能力需要提升，那么可以制订一个包括参加沟通技巧培训、阅读相关书籍、增加与他人沟通交流机会等内容的改进计划，并定期回顾自己的改进情况，根据实际效果调整计划，持续提升自己的能力。

寝室练习小活动

一、活动名称

认识职场中的自己

二、活动目标

深度认识自我，通过大五人格测试，科学地了解自己在开放性、责任心、外倾性、宜人性和神经质五个维度的特质；关联职业发展，引导成员将大五人格特质与职业选择、职场表现相联系，明确自身性格在不同职业领域的优势与劣势，为未来职业规划提供客观参考依据；提升心理素养，在活动过程中，让成员理解性格特质的多样性，接纳真实的自己，增强自我认同感，培养积极健康的心理状态，提升心理调适能力。

三、活动准备

测试材料：提前在权威心理测试网站（如中国心理学会心理学标准与服务研究委员会官网推荐的测试平台）找到大五人格测试题，打印纸质版测试卷，确保题目完整、表述清晰；也可准备电子版测试链接，方便成员用手机或电脑作答。

解读资料：收集大五人格各维度的详细解读资料，包括每个维度高分和低分对应的典型特征、在职业中的表现等，整理成简洁易懂的文档或PPT。

辅助工具：准备计分表、性格与职业匹配参考表（如开放性高适合创意类职业等），以及便签纸、笔，供成员记录和分析。

设备准备：若采用电子版测试，确保寝室网络稳定，准备好手机、平板或电脑；

若需要展示解读资料，准备好投影仪或在电脑上调试好展示界面。

环境布置：将寝室桌椅摆放成围坐形式，营造轻松、开放的交流氛围；在桌上放置零食、饮料，缓解紧张情绪，让活动更具趣味性。

四、活动流程

1. 活动导入（5分钟）

由寝室长或活动组织者开场，讲述认识自我对职业发展和个人成长的重要性，引出大五人格测试的主题，激发成员参与兴趣。简要介绍大五人格的五个维度（开放性、责任心、外倾性、宜人性、神经质），让成员对测试内容有初步了解。

2. 测试环节（15分钟）

分发纸质测试卷或分享电子版测试链接，告知成员测试要求和注意事项，如认真阅读题目、根据实际情况作答等。成员独立完成测试，过程中保持安静，不相互干扰，时间控制在15分钟左右。

3. 计分与结果生成（10分钟）

提供计分方法说明，指导成员根据答案进行自我计分，计算出自己在五个维度的得分。成员对照得分标准，确定自己在每个维度上的倾向（如高分、中等、低分），初步了解自己的大五人格类型。

4. 结果解读与分享（25分钟）

组织者通过投影或电脑屏幕展示大五人格各维度的详细解读资料，依次讲解每个维度不同得分对应的性格特点和职业适配方向。每位成员结合自己的测试结果，分享自己对测试结果的看法，以及在日常学习生活中与该性格特质相关的表现。例如，外倾性得分高的成员分享自己喜欢社交、乐于表达的经历。其他成员认真倾听，结合对分享者的日常了解，补充或交流看法，从不同角度加深对彼此性格的认识。

5. 职业探讨与规划（15分钟）

引导成员根据大五人格测试结果和职业适配参考表，讨论自己适合的职业方向，分析当前自身与目标职业的差距。成员之间相互交流职业规划思路，分享收集到的职业信息、学习资源，共同探讨如何利用自身性格优势，弥补不足，为未来职业发展做好准备。

6. 总结与展望（10分钟）

组织者对活动进行总结，回顾大五人格测试的核心内容和成员们的分享要点，强调自我认知是一个持续的过程，鼓励大家在未来生活中不断探索和完善对自身的认识。成员们共同表达对未来职业发展的期待，寝室长提议将本次活动的收获应用到日常学习和生活中，约定后续可以继续开展类似的自我探索活动。

思考题

（1）采用测试工具分析自我的性格、兴趣、能力与职业的适配性。

（2）设计并开展一次生涯人物访谈调研工作。

（3）结合自身实际谈谈能力提升的策略。

PART THREE

第三章 大学生职业环境认知与应对

> **教学目标**
> （1）了解主要行业的发展趋势。
> （2）了解新兴职业的机遇和挑战。
> （3）理解企业文化和职场氛围的概念、要素。
> （4）了解新入职场的常见心理问题和调适技巧。

第一节 行业与职业发展趋势

一、不同行业的发展现状与前景分析

（一）科技行业

1. 发展现状

科技创新和产业化的速度不断加快，原始科学创新、关键技术创新和系统集成的作用日益突出。人工智能引领前沿技术加速进步，生成式人工智能、具身智能和类脑计算等技术取得了显著进展。无人驾驶、量子技术、可控核聚变等颠覆性技术趋于成熟，开始走向应用。国际科技竞争日益激烈，美国、中国等科技强国在人工智能、云计算等领域占据领先地位。

2. 发展前景

未来几年内，科技创新将继续推动社会进步和经济发展。人工智能、量子计算、生物技术等前沿领域将取得更多突破性进展，带来新的产业革命和社会变革。科技行业将更加注重个性化、定制化服务的开发，同时新兴市场的崛起也将为科技行业提供新的增长点。

（二）制造业

1. 发展现状

在全球倡导绿色环保和可持续发展的大背景下，新能源汽车行业迎来了爆发

式增长,成为推动新能源产业发展的主力军。轻工制造行业整体表现相对平稳,但在一些特定领域和时期,依然展现出良好的发展机遇和增长潜力,如造纸、文教工美、家电、电池等领域。

2. 发展前景

随着智能制造和工业的推进,制造业正在朝着自动化、数字化和智能化的方向发展。未来,制造业将继续加大对新能源、新材料、高端装备等领域的研发和投入,提高产品的附加值和竞争力,同时也将更加注重绿色制造和可持续发展。

(三)金融业

1. 发展现状

金融行业规模持续扩大,金融市场的广度和深度不断提升。各类金融机构如银行、保险、证券、基金等日益增多,金融产品和服务不断丰富。金融科技的发展正在深刻改变金融行业的生态,数字化、智能化成为金融行业发展的关键词。同时,金融行业的监管环境日趋严格。

2. 发展前景

随着金融科技的不断发展和应用,金融行业将继续创新和变革,如区块链技术可能会在金融领域得到更广泛的应用,包括数字货币、跨境支付、供应链金融等。同时,随着全球经济的一体化和金融市场的开放,金融行业的国际竞争将更加激烈,金融机构需要不断提升自身的竞争力和风险管理能力。

(四)服务业

1. 发展现状

现代服务业已成为推动经济增长的重要力量,其市场规模持续扩大并保持快速增长。特别是在数字经济和信息技术的推动下,现代服务业不断创新服务模式,提升服务质量,满足消费者日益增长的多样化、个性化需求。市场竞争格局呈现出多元化的特点,不同企业根据自身优势和市场定位,在不同细分领域展开竞争。

2. 发展前景

随着消费者需求的升级和多样化,现代服务业市场规模将持续扩大。新兴业态如电子商务、在线教育、数字娱乐等将继续涌现。服务业与制造业、农业等产业的融合将更加紧密,通过跨界合作和资源共享,推动新业态、新模式的形成和发展。

（五）教育行业

1. 发展现状

在线教育、社区教育、家庭教育等模式逐渐兴起，为人们提供了更多的学习途径。人工智能、大数据、云计算等技术的发展，为教育带来了新的可能，智能教学、个性化学习、远程教育等技术手段的应用，使得教育更加高效和个性化。

2. 发展前景

未来，教育将更加注重个性化和公平性，通过对学生的学习行为、兴趣爱好等进行深度分析，为每个学生量身定制最适合的学习路径。同时，随着技术的进步和社会的发展，教育资源的分配将更加公平。终身学习成为必然，未来的教育不仅仅是学校的教育，更是个体的自我教育和终身学习。

（六）医疗行业

1. 发展现状

医疗技术的不断创新是医疗行业发展的重要趋势，3D打印技术的应用使得医学影像重建更加精细，生物打印技术可以打印出活体组织等。互联网医疗的发展也正成为医疗行业的重要趋势，患者可以通过网络平台了解疾病信息、寻找医疗资源以及进行在线咨询和预约挂号。医疗大数据的应用是医疗行业发展的重要方向，通过对医疗大数据的分析，可以发现一些潜在的疾病趋势和规律。

2. 发展前景

随着人口老龄化和医疗技术的进步，医疗行业的发展前景广阔。生物技术、医疗设备、健康管理等领域，具有广阔的市场前景。新药研发和基因编辑技术的发展也将给行业带来新的增长点。

（七）新兴行业

1. 核心领域发展现状

新兴行业多以创新技术为核心，技术创新使新兴行业不断开辟新的应用场景与商业模式，也促使传统企业转型升级。新兴行业常与其他行业跨界融合，催生出新产业形态。各国政府重视新兴行业，出台一系列扶持政策，包括税收优惠、资金支持、人才引进等，还搭建创新平台、优化营商环境。伴随人们生活水平与消费层级的提升，对新兴行业产品和服务的需求也不断攀升。以绿色经济、共享经济、个性化消费等为代表的新兴行业受到市场热捧。消费者对环保、健康、智能产品的需求增长，推动了新能源、生物科技、智能家居等行业发展。新兴行业发展迅速且不受地域限制，全球化趋势明显。企业积极拓展国际市场，寻求国际合作，国际技术交流与合作频繁。新兴行业发展聚焦以下领域：

1）新能源与高端装备

（1）新能源汽车。2024年中国新能源汽车产量突破1000万辆，出口同比增长16%，全球市占率领先。政策通过以旧换新补贴、充电基建完善（如特锐德充电桩市占率第一）及智能网联技术推广，巩固产业优势。

（2）工业母机与机器人。预计2025年市场规模超万亿元，机器人安装量年增5%~10%。科德数控突破五轴联动数控机床国产化，绿的谐波打破谐波减速器国外垄断，政策推动"设备更新"计划加速制造业数字化转型。

2）半导体与AI技术

（1）半导体。国产AI芯片（如华为昇腾）、EDA工具及光模块成为突破重点。中芯国际扩产成熟制程，寒武纪专注边缘端AI芯片，政策推动产业链自主化以应对外部技术封锁。

（2）人工智能。全球算力投资年增速超35%，预计2027年企业级渗透率超50%。生成式AI（如ChatGPT、DALL·E）集成于办公套件和设计平台，政策支持加速商业化落地。

3）生物医疗与低空经济

（1）医疗设备。老龄化推动国产替代，迈瑞医疗监护仪全球市占率前三，联影医疗突破MRI设备国产化。高端影像设备、可穿戴医疗器械市场增速预计超20%。

（2）低空经济。政策加持下，文旅、物流等场景应用加速。中办国办发文完善空域管理，国家发展改革委设立低空经济发展司，2025年或成应用落地关键年。

4）数字经济与新兴业态

（1）数字经济。2023年中国数字经济规模达53.9万亿元，占GDP近五成。5G基站超337万个，蜂窝物联网终端用户26亿户，支撑物联网、智慧城市发展。

（2）新兴业态。AI、大数据、物联网技术加速渗透，推动传统产业转型升级。智能制造（如广西招聘会AI工程师薪资领先）、智慧农业等领域创新突破，政策扶持力度持续加大。

2. 发展前景

根据市场规模预测，到2030年全球新兴行业投资规模将突破5万亿美元，年复合增长率15%，亚太地区贡献40%以上增量。中国、美国、欧盟为核心驱动引擎，聚焦AI基础设施、新能源、生物科技三大赛道。

（1）新一代信息技术引领变革。未来，人工智能、大数据、云计算等新一代信息技术将与各行业实现更深度的融合，推动产业智能化、数字化、网络化。在智能制造领域，实现生产过程自动化、智能化，提升生产效率与产品质量；在智慧医疗领域，助力远程医疗、智能诊断发展，提高医疗服务水平与可及性；在智慧交通领域，促进自动驾驶、智能交通管理系统应用，缓解交通拥堵、提升出行安全。

（2）生物科技与新能源潜力巨大。生物科技方面，在医疗健康领域，基因编辑、细胞疗法等有望攻克更多疑难疾病，带来个性化医疗方案；在农业生物领域，可培育优质、高产、抗逆农作物品种。此外，新材料能推动制造业升级换代，开发高性能、多功能材料。新能源方面，太阳能、风能等可再生能源将更广泛应用，降低能源成本、减少环境污染，助力实现全球能源结构转型与碳中和目标。

（3）新消费模式持续拓展。新消费以数字技术为支撑，涵盖智慧零售、直播经济、智慧医疗等领域。消费者对个性化、体验式消费需求的增长，将推动新消费行业创新发展。如智慧零售通过大数据、人工智能实现精准营销、个性化推荐；直播经济融合电商与直播，创造新消费场景与销售模式。

（4）新兴服务业态不断涌现。共享经济持续创新，拓展至更多领域；在线教育在技术的助力下，丰富课程内容与教学形式，提升学习效果；远程医疗借助5G等通信技术，实现优质医疗资源远程共享，为医疗服务带来新变革。同时，随着技术发展和社会需求变化，还将不断催生出新的服务业态。

（5）面临挑战与机遇并存。新兴行业发展面临技术创新的不确定性（如部分技术研发瓶颈待突破）、市场竞争激烈（众多企业涌入争夺市场份额）、政策环境变化（政策调整影响行业发展）、人才短缺（对复合型创新人才需求大但供给不足）等挑战，但也孕育着大量机遇，如为企业提供创新发展、实现弯道超车的机会，为投资者创造财富增值空间，为社会创造更多高质量就业岗位，推动经济高质量发展与社会全面进步。

二、新兴职业带来的机遇与挑战

（一）机遇

1. 就业空间拓展

新兴职业的诞生为求职者提供了更多选择，无论是刚毕业的大学生、想转行的职场人士，还是自由职业者等，都有机会找到适合自己的岗位。随着电商直播的兴起，大量网络主播岗位出现，吸纳了众多人员就业，包括一些原本从事传统销售、演艺等行业的人员以及一些草根出身的新人。

2. 经济增长新动力

新兴职业往往与新兴产业紧密相联，能够带动相关产业的发展，成为经济增长的新引擎。以人工智能行业为例，人工智能训练师、算法工程师等新兴职业的出现，推动了人工智能技术在医疗、金融、交通等多个领域的应用和发展，创造了巨大的经济价值。

3. 满足个性化需求

新兴职业可以更好地满足人们日益多样化、个性化的需求。如陪诊师的出现，为那些独自就医困难的患者提供了贴心的帮助；收纳师则满足了人们对家居环境整洁、有序的追求。

4. 激发创新活力

新兴职业的不断涌现鼓励人们勇于尝试新事物、探索新领域，激发了全社会的创新活力。年轻人更愿意投身到新兴职业中，发挥自己的创造力和想象力，为社会创造更多价值。如利用短视频平台展示自己的创意和才华，成为知名的短视频创作者，不仅实现个人价值，而且带动整个短视频行业的创新发展。

（二）挑战

1. 职业规范不完善

许多新兴职业在发展初期缺乏明确的职业标准、规范和监管机制，导致市场秩序混乱。如部分网络主播为了吸引流量，可能会出现虚假宣传、低俗内容直播等违规行为；一些新兴的金融科技领域也存在监管空白，容易引发金融风险。

2. 技能要求高与培训不足

新兴职业通常对从业者的专业技能和综合素质要求较高，但与之相配套的职业培训体系往往不够完善。这就使得求职者在进入新兴职业领域时面临较大的困难，需要自己花费大量时间和精力去学习和提升技能。以数据标注员为例，虽然入行门槛相对较低，但随着行业发展，企业对标注员的专业知识和行业背景知识要求日益提高，而目前市场上缺乏系统、专业的培训课程。

3. 工作稳定性风险

新兴职业的发展受到技术更新换代、市场需求变化等多种因素的影响，工作稳定性相对较差。一些新兴职业可能在短时间内迅速崛起，但也可能因为技术突破或市场竞争而迅速衰落。如曾经火爆一时的共享单车运维人员，随着共享单车市场的竞争加剧和部分企业的倒闭，许多运维人员面临失业风险。

4. 社会认可度低

部分新兴职业由于其新颖性和特殊性，尚未得到社会的广泛认可和理解。这可能会给从业者带来心理压力和职业发展的障碍。如电竞职业选手在早期被很多人认为是不务正业，尽管如今电竞行业已经逐渐被认可，但在一些传统观念较强的地区和人群中，仍然存在对这一职业的偏见。

5. 数据安全与隐私问题

在一些新兴职业中，如数据标注员、人工智能训练师等，从业者可能会接触到大量的敏感数据。如果数据安全措施不到位或从业者违规操作，就可能导致数据泄露和隐私侵犯等问题，给个人、企业和社会带来严重的损失。

第二节　职场文化适应

一、企业文化与职场氛围

（一）企业文化的内涵与构成

1. 企业文化的定义

企业文化是企业在长期的经营活动中形成的价值观、经营理念、企业精神、行为准则、道德规范、企业形象等的总和。它是企业的灵魂，潜移默化地影响着企业成员的思维方式和行为模式。例如，华为公司的企业文化强调"以客户为中心，以奋斗者为本，长期艰苦奋斗，坚持自我批判"，这种文化理念贯穿于企业的管理、研发、销售等各个环节，引导员工的行为和决策。

2. 企业文化的构成要素

1）企业价值观

这是企业文化的核心，体现了企业对于什么是最重要、最有价值的事物的判断。例如，谷歌的价值观包括"不作恶"，这一价值观指导着谷歌在商业决策、产品开发和用户服务等方面始终坚守道德底线。企业价值观决定了企业的战略方向和员工的行为准则。

2）企业使命与愿景

企业使命是企业存在的意义和目的，它回答了"企业为什么而存在"的问题。

阿里巴巴的使命是"让天下没有难做的生意",这表明了阿里巴巴致力于为中小企业提供商业服务的宗旨。企业愿景则是企业对未来发展方向和理想状态的描绘,苹果公司的愿景是"通过创新产品改变世界",激励着员工为实现这一宏伟目标而努力。

3）企业行为规范

企业行为规范包括企业的规章制度、工作流程、员工行为准则等。这些规范明确了员工在工作中的权利和义务,以及企业所倡导和禁止的行为。金融企业制定了严格的保密制度,要求员工对客户信息严格保密,这体现了企业对合规和客户隐私保护的重视。

4）企业形象与品牌文化

企业形象是企业在社会公众心目中的印象,包括企业的品牌形象、产品形象、员工形象等。品牌文化则是品牌所蕴含的价值观、情感和个性。可口可乐的品牌文化强调快乐、活力和分享,通过广告、包装和营销活动等多种方式传播这种文化,使消费者在购买产品的同时也能感受到品牌所传递的价值观。

（二）职场氛围的概念与影响因素

1. 职场氛围的定义

职场氛围是指企业内部员工在工作过程中所感受到的一种心理环境和工作气氛。它是由企业的物理环境、人际关系、管理风格、工作压力等多种因素共同作用形成的。良好的职场氛围能够提高员工的工作满意度和工作效率,而不良的职场氛围则可能导致员工的离职率上升和工作积极性下降。

2. 职场氛围的影响因素

1）物理环境因素

物理环境因素包括办公场所的布局、设施的舒适度、工作空间的大小等。拥有宽敞明亮的办公空间、舒适的办公桌椅和先进的办公设备的企业,能够为员工提供良好的工作条件,从而营造出积极的职场氛围。

2）人际关系因素

员工之间、员工与上级之间的关系是影响职场氛围的重要因素。和谐的人际关系,如相互尊重、信任、支持的同事关系和上下级关系,能够增强员工的归属感,形成良好的团队合作氛围。相反,人际关系紧张、冲突频繁的企业,职场氛围往往比较压抑。

3）管理风格因素

企业管理者的领导方式和管理风格对职场氛围有着深远的影响。民主型的管理风格,即管理者鼓励员工参与决策、充分听取员工意见,能够激发员工的工作积极性和创造力，营造出开放、平等的职场氛围。而专制型的管理风格可能会使员工感到压抑，使他们缺乏自主性。

4）工作压力因素

工作任务的繁重程度、工作节奏的快慢以及工作要求的高低等都会影响职场氛围。适度的工作压力可以激发员工的工作动力，但过高的压力可能导致员工产生焦虑、疲惫等负面情绪，影响职场氛围。在互联网企业的项目攻坚阶段，员工可能会面临较大的工作压力，如果企业不能有效地帮助员工缓解压力，可能会使职场氛围变得紧张。

（三）企业文化与职场氛围的关系

1. 企业文化对职场氛围的塑造作用

企业文化是职场氛围的基石，它通过价值观的传播、行为规范的约束和企业形象的塑造等方式来影响职场氛围。强调团队合作和创新的企业文化，会鼓励员工之间相互协作、分享创意，从而营造出积极向上、充满活力的职场氛围。企业文化中的企业使命和愿景能够为员工提供共同的奋斗目标，使员工在工作中有更强的使命感和归属感，进而改善职场氛围。

2. 职场氛围对企业文化的反馈作用

职场氛围是企业文化的外在表现，它能够直观地反映企业文化的落地情况。良好的职场氛围表明企业文化得到了员工的认同和践行，有利于企业文化的传承和强化。相反，不良的职场氛围可能提示企业文化存在问题，需要进行调整和改进。

二、初入职场的心理调适

（一）常见的心理问题

1. 焦虑与紧张

初入职场时，面对全新的工作环境、陌生的同事和复杂的工作任务，许多人会感到焦虑和紧张。这是正常的心理反应。新员工可能会担心自己不能很好地完成工作任务，或者在工作中犯错而给同事和上级留下不好的印象。这种焦虑和紧张情绪如果长期得不到缓解，可能会影响工作效率和工作质量。

2. 期望落差

在入职前，很多人对职场生活往往有较高的期望，可能是受到影视作品、他人描述或者自己想象的影响。然而，实际的职场环境可能与期望相差甚远。新员工可能会发现工作内容枯燥乏味，或者工作压力过大，与自己期望中的富有挑战性但又轻松愉快的工作状态不符，从而产生心理落差。

3. 自信心受挫

初入职场的新人通常缺乏工作经验，在面对工作中的各种问题时，可能会因为自己的能力不足而自信心受挫。在参与团队项目时，新员工会发现自己对于专业知识和技能的掌握不如其他同事，或者提出的建议不被采纳，容易产生自我怀疑，影响工作的积极性和主动性。

4. 社交压力

职场中的人际关系比学校和家庭中的关系更为复杂。新员工需要与不同年龄、性格和背景的同事、上级建立良好的关系。对于性格内向或者不擅长社交的人来说，这可能会带来很大的社交压力。

（二）积极的心理调适策略

1. 调整心态，正视职场现实

（1）认识自我，接受不完美。在大学生活中，学生应全面客观地了解自己的兴趣、能力、性格、价值观等，精准定位适合的职业方向，避免因自我认知偏差产生焦虑、盲目等心理。借助霍兰德职业兴趣测试、MBTI性格测试等专业测评工具，了解自身兴趣类型和性格特点。比如，测试后发现自己的兴趣倾向是研究型，性格偏内向，说明自己更适合科研、数据分析等相对专注、独立的工作。同时，应定期进行自我反思，回顾自己在学习、实践中的表现和收获，也可以与老师、同学、朋友交流，收集他们对自己的看法，综合完善自我认知。而在工作中，要明白职场生活不可能总是一帆风顺，也不会完全符合自己的期望。因此，要学会接受工作中的小瑕疵，把繁琐的工作看作锻炼自己耐心和细心的机会，而不是一味地抱怨。每个人都有一个成长的过程，要允许自己在工作中犯错，但要从错误中吸取教训。在工作中出现失误后，分析原因，制定改进措施，而不是过分自责。

（2）树立正确的职业观，乐观对待职业挫折。认识到工作的本质不仅仅是为了获取报酬，更是为了实现自我价值、积累经验和提升能力。将工作视为一种学习和成长的机会，有助于缓解因期望落差而产生的负面情绪。例如，把每一个工作任务都当作提升自己专业技能的课程，用心去完成。以积极乐观的态度看待求职和职业发展过程中的挫折与失败，把它们当作成长的机会而非单纯的打击。比如，求职面试失败后，不沉浸在沮丧的情绪中，而是冷静地分析原因。若因专业知识回答不全面，就制订学习计划查缺补漏；若因表达不流畅，就通过模拟面试、演讲练习提升表达能力。

2. 提升自我效能感，增强自信心

（1）强化职业效能感。通过提升自身能力和积累成功经验，增强对求职和工作的信心。利用课余时间参加与目标职业相关的培训课程、实习实践。比如想从事新媒体运营，就学习文案撰写、数据分析、视频剪辑等课程，到相关公司实习积累项目经验。每完成一个小任务、取得一点小成绩，都记录下来，时常回顾，强化自我肯定。此外，良好的外在形象也能在一定程度上提升自信。

（2）设定合理目标并逐步实现。根据自己的实际情况，为自己设定一些切实可行的短期工作目标。这些目标应该是具体的、可衡量的、可实现的、相关的和有时限的（SMART 原则）。在入职后的第一个月熟悉公司的业务流程，或者学会使用工作中常用的软件工具。此外，当自己完成一个小目标时，可以奖励一下自己，如吃一顿美食、买一件心仪的东西等，以此来激励自己不断前进，逐步积累自信心。比如毕业后想进入互联网行业做产品经理，短期目标可以是在本学期内学习产品经理相关课程，阅读专业书籍；中期目标是找到一份互联网公司产品岗实习，积累项目经验；长期目标是在 3~5 年内成为独当一面的产品经理。按规划逐步推进，减少迷茫感。

（3）积极寻求反馈和支持。主动向同事和上级寻求反馈，了解自己在工作中的优点和不足。他们的建议和意见能够帮助自己更好地提升能力。例如，定期与上级沟通，询问自己在工作中的表现和需要改进的地方；与家人、朋友分享求职中的烦恼，他们可能基于生活经验给出温暖鼓励和实用建议；向学校就业指导中心的老师咨询，他们熟悉就业政策和市场动态，能从专业角度提供职业规划、求职技巧等方面的指导。此外，若心理压力过大，出现持续焦虑、抑郁等情绪，可预约学校心理咨询室的专业心理咨询师，进行更深入的心理疏导。

3. 学会应对社交压力，建立良好人际关系

（1）主动沟通与交流。克服自己的内向心理，主动与同事和上级打招呼、聊天。可以从一些简单的话题入手，如天气、工作中的小趣事等。例如，每天上班时主动和同事说一声"早上好"，逐渐拉近彼此之间的距离。积极参与公司组织的团队活动和培训课程，这是结识新同事、建立良好人际关系的好机会。在活动中，展示自己友善、积极的一面，与他人产生共鸣。比如，在团队建设活动中，积极参与游戏和讨论，分享自己的想法和感受。

（2）尊重和理解他人。在与同事和上级交往的过程中，要学会尊重和理解他们

的观点、习惯和个性。每个人都有自己的做事方式和价值观，不要轻易地对他人进行评价或批评。当与同事在工作方法上有分歧时，先听取对方的意见，然后再表达自己的看法，寻求共识。

（3）关注他人的需求和感受，尽量提供帮助和支持。帮助了别人不仅能够增进彼此之间的感情，而且能提升自己在团队中的形象。比如，可以主动帮助新同事熟悉工作环境，或者在同事工作压力大时，给予适当的安慰。

（三）长期心理调适的技巧

1. 培养积极的工作习惯

（1）时间管理。学会合理安排自己的工作时间，制订详细的工作计划。可以使用时间管理工具，如番茄工作法、四象限法则等，提高工作效率。将工作任务按照重要性和紧急性进行分类，优先处理重要且紧急的任务，避免拖延。合理分配工作和休息时间，避免过度劳累。适当的休息能够让自己保持良好的精神状态，提高工作的质量和效率。每工作一段时间后，起身活动一下，喝杯水，放松一下身心。

（2）持续学习与自我提升。职场是一个不断变化的环境，要保持学习的心态，不断提升自己的知识和技能。可以通过参加培训课程、阅读专业书籍、在线学习等方式进行自我提升。订阅行业相关的杂志和公众号，及时了解行业的最新动态和知识。学习不仅局限于专业知识，而且包括沟通技巧、团队协作能力等软技能。这些软技能在工作中同样重要，能够帮助自己更好地适应职场环境。比如通过参加沟通技巧培训课程，提高自己的表达能力和倾听能力。

2. 保持良好的生活状态

（1）健康的生活方式。保持良好的作息习惯，保证充足的睡眠。睡眠不足会影响人的情绪和工作效率。每天尽量保证7~8小时的睡眠时间，让自己的身体和大脑得到充分的休息。此外，要做到合理饮食，适当运动。健康的饮食能够为身体提供能量，运动则能够释放压力、增强体质。建议每周安排几次运动时间，如跑步、瑜伽或者打篮球等。

（2）丰富的业余生活。除了工作，要有自己的业余生活。可以培养一些兴趣爱好，如绘画、音乐、摄影等，让自己在工作之余能够放松身心，缓解工作压力。在周末参加绘画班，或者和朋友一起去听音乐会。此外，要与家人和朋友保持良好的关系，定期聚会或者聊天。比如，每月安排一次家庭聚餐或者和朋友的聚会。他们的陪伴和支持能够让自己感受到温暖和幸福，增强心理韧性。

寝室练习小活动

一、活动名称

职场探秘局——职业环境沉浸式解码

二、活动目标

拓宽职业认知边界,了解不同行业、职业的工作内容、发展趋势、市场需求等,打破对职业的固有认知,消除信息盲区,构建多元化的职业认知体系;把握行业动态趋势,引导成员关注行业前沿资讯、政策变化、技术革新等动态信息,增强对职业环境变化的敏感度,提前感知职业发展机遇与挑战;提升职业分析能力,通过资料收集、案例研讨、交流分享等环节,锻炼成员分析职业环境的能力,学会运用SWOT分析、PEST分析等方法评估职业发展前景;辅助职业规划决策,让成员将自身兴趣、能力与职业环境相结合,明确个人职业定位,为制定科学合理的职业规划提供客观依据,减少职业选择的盲目性。

三、活动准备

行业资料包:收集热门行业(如人工智能、新能源、生物医药等)和传统行业(如制造业、金融业、教育业)的基础信息,包括行业发展历程、市场规模、龙头企业名单等,整理成文档。

职业详情卡:针对不同职业(如产品经理、律师、教师、工程师等),准备包含工作内容、任职要求、薪资待遇、晋升路径的详细介绍资料,可制作成卡片或PPT。

动态资讯集:整理近期行业政策文件、技术突破新闻、企业招聘动态等资讯,可通过公众号文章、新闻报道、行业报告等渠道获取。

准备工具:准备 A4 纸、彩笔、便利贴,用于制作思维导图、记录想法;准备剪刀、胶水,方便制作资料展板。

人员分工:活动前,寝室成员提前分配任务,如有人负责收集科技行业资料,有人整理职业访谈视频,有人调试展示设备。合理分工,以提高活动筹备效率。

场地布置:将寝室桌椅摆放成环形或小组形式,在墙面设置"职业环境探索角",张贴资料、悬挂思维导图,营造沉浸式活动氛围。

注意事项:确保寝室电脑、投影仪或手机能正常使用,用于展示资料、播放行业介绍视频。

四、活动流程

1. 情境导入(5分钟)

组织者播放一段热门职场综艺片段或企业宣传视频,引发成员对职业环境的兴趣。抛出问题，如"你知道未来五年哪些职业最有发展潜力吗""不同行业的工作氛围有何差异"，引导成员思考，自然切入活动主题。

2. 资料分享会（20分钟）

成员依次分享自己收集的行业资料、职业详情。例如，负责新能源行业的成员介绍行业发展现状、政策支持情况；研究教师职业的成员分享任职资格、工作日常。分享过程中，其他成员可随时提问、补充，组织者用投影仪同步展示重点内容，加深印象。

3. 行业趋势研讨（20分钟）

分组讨论当前热门行业的发展趋势，如人工智能对传统职业的冲击、绿色经济带来的就业新机遇等。每组利用A4纸和彩笔制作思维导图，梳理行业发展的优势、劣势、机会和威胁，选派代表上台分享讨论成果。

4. 职业信息深挖（15分钟）

随机抽取职业卡片，成员根据卡片上的职业，结合已了解的行业信息，分析该职业在不同企业、不同地区的发展差异。通过模拟企业招聘场景，一人扮演HR，其他人模拟求职者，围绕职业要求、发展前景等进行问答交流。

5. 总结规划（10分钟）

每位成员分享本次活动的收获，以及对自己职业规划的新思考，例如调整职业目标、明确能力提升方向等。组织者总结活动内容，强调认识职业环境对个人发展的重要性，鼓励成员持续关注行业动态，完善职业规划。最后，将活动资料整理成册，留存于寝室的"职业环境探索角"，方便后续查阅。

思考题

（1）阐述初入职场常见的心理问题。

（2）论述职场中积极的心理调试策略。

PART FOUR

第四章 大学生职业认知心理

> **教学目标**
> （1）使求职大学生明确自己的就业目标。
> （2）使大学生了解求职前应该做的求职准备。
> （3）使大学生对自己的职业生涯进行规划。
> （4）使大学生对职业认同有深入的理解。

第一节 大学生就业现状

大学生的就业早已成为全社会比较关注的问题，在经济学领域、社会学领域、法律学领域，都对大学生的就业问题进行了不同程度的研究。如从经济学角度证实大学生就业和产业发展的关联机制，分析大学生就业存在的问题及其原因；在社会学领域，从社会资本理论的角度分析大学生就业难以及"有业不就""考证书"等行为；在法律学领域，研究对大学生就业的法律创新和法律保障的问题，为大学生就业提供更好的法律上的保障。而在教育学、心理学等领域，对于大学生的就业行为也有一定的研究成果。大学生就业难是多方面因素综合导致的，要从国家、社会、家庭以及个人四个方面来解决。

就业，指的是在法定年龄内的有劳动能力和劳动愿望的人们所从事的为获取报酬或经营收入进行的活动，所谓就业政策，则是指由政府根据经济发展状况制定的以适应当前就业形势的规则或程序的总称。根据《中华人民共和国劳动法》《中华人民共和国劳动合同法》《中华人民共和国就业促进法》以及相关法律法规规定：法定劳动年龄指年满16周岁至退休年龄，有劳动能力的中国公民。第十四届全国人民代表大会常务委员会第十一次会议通过：同步启动延迟男、女职工的法定退休年龄，用十五年时间，逐步将男职工的法定退休年龄从原六十周岁延迟至六十三周岁，将女职工的法定退休年龄从原五十周岁、五十五周岁分别延迟至五十五周岁、五十八周岁。

大学生的就业政策也从计划经济体制"统包统分"转变为现在的社会主义市

场经济体制的"自主就业""双向选择"。自主就业是指大学生在毕业后，根据自己的兴趣、专业特长以及市场需求，主动选择适合自己的工作岗位，并与用人单位签订就业协议或劳动合同的一种就业方式。这种就业方式体现了市场就业原则，即供需双方的自主选择与匹配。社会主义市场经济体制下，自主就业已成为大学生就业的主要趋势。随着就业市场的不断完善和高校毕业生就业制度的改革，大学生在就业市场上的主体地位逐渐得到确立。他们可以根据自己的实际情况和就业意愿，选择适合自己的工作岗位和用人单位。同时，高校和政府部门也积极为大学生提供就业指导和信息服务，帮助他们更好地实现自主就业。双向选择，也被称为"大学双向分配"，是指毕业生与就业单位之间互相选择的过程。在这一机制下，毕业生不再被动接受分配，而是能够根据自己的兴趣、专业特长以及市场需求，主动选择适合自己的工作岗位。同时，用人单位也有权根据自身需求，从众多毕业生中挑选最合适的人选。双向选择过程最终以双方签订三方协议（包括毕业生、用人单位和学校）为标志。双向选择制度的实施，打破了传统就业制度的束缚，赋予了毕业生更多的选择权和自主权。它有助于激发毕业生的积极性和创造力，使他们能够更好地适应市场需求和就业环境的变化。同时，通过双向选择，用人单位也能够招募到更加符合岗位需求的优秀人才，提高人力资源的利用效率。

第二节　大学生的就业观

一、就业观的定义和构成要素

（一）就业观

就业观就是人们选择和从事一定职业时的心态、情感、态度、评价标准和价值取向的总和，是一个人的世界观、人生观、价值观等在对待职业问题上的具体表现。大学生的就业观就是指大学生在进行就业行为时，受到就业环境、家庭环境、学校环境以及个人素质能力的影响，以及在就业时所产生的对于就业选择和职业生涯规划的价值评判标准和情感态度。

（二）就业观的构成要素

关于就业观的构成，学术界有各种不同的说法：

（1）就业观由四种要素构成，简称"四要素说"，分别是就业认知、就业理想、就业态度、就业取向。

（2）就业观由五种要素构成，简称"五要素说"，除就业认知、就业理想、就业态度、就业价值取向，还包括就业途径。

（3）就业观中还应包含就业动机。

就业认知指的是大学生对于自身条件、职业前景、社会环境以及与就业相关事务的认识、了解，以及选择职业过程中的推理与决策等（包括对自身理想信念、兴趣爱好、能力素养、行为习惯的推理与决策等）。

就业理想也可以称为就业意愿，是大学生在一定个人的价值观指导下，对未来所从事职业的一种设计和想象，包括职业性质、工作环境、社会地位、薪金水平以及是否符合个人的兴趣、专业。

就业态度是指大学生对于选择就业岗位时所持有的心理倾向和行为倾向，包括消极被动和积极主动两方面倾向。就业态度主要取决于大学生的自身价值观念、个人需求及就业意愿。

就业取向是指大学生对于未来职业的一种价值判断和信念，是对职业价值追求、选择、评价的一种倾向性。它是大学生的人生态度和人生目标在职业选择上的表现。

就业途径包括参加各种招聘会、人才交流会、网上求职、毛遂自荐、自主创业等。

就业动机指的是推动大学生在就业时选择某一职业的目的和意义。

在这些就业观的构成因素中，就业取向是核心要素，直接反映了大学生的人生价值取向，也是大学生对待自我职业生涯的价值观。因此，本课题将其作为重点问题加以调查和研究。

二、就业取向的构成因素和层次

（一）就业取向的构成因素

大学生的就业取向是指在受到客观和主观因素的影响下，对于自己的就业行为的选择意向或预选择，是大学生在就业过程中对于有关职业因素的价值反映。

其中的客观因素主要包括国家就业政策、社会舆论氛围、单位用人标准、家庭环境的影响；主观因素包括个人的就业理想、就业心理、行为方式。在这些因素的综合作用下，大学生在就业地域选择、薪金期待、个人兴趣匹配、职业发展空间规划、专业相关性考量等方面，可能会形成相应的就业选择倾向或表现出特定的就业行为。

大学生的就业取向是在受到现实环境和社会背景的重要影响下形成的。在大学生进行就业选择的过程中，就业的内容、动机和目标都是在所处的环境下形成的，无法超越大学生所身处的社会物质条件。由此可见，大学生的就业取向的构成因素中应该包括宏观因素和微观因素：

宏观因素包括国家政策、社会环境、家庭因素、高校因素四个方面。国家政策主要是指国家为了促进大学生的就业，鼓励大学生创业，从而颁布的针对大学生就业创业的政策方针；社会环境主要是指经济发展的趋势、社会就业舆论、相关媒体报道、大学生的整体就业趋势；家庭因素主要包括家庭经济状况、社会地位、社会资源等；高校因素包括对于大学生的就业指导、职业规划指导、思想品德教育、专业能力提升等。这些宏观上的构成因素对大学生的就业造成很大的客观影响。

微观因素主要包括用人单位倾向、职业价值观、大学生个人兴趣爱好、职业能力和就业价值取向等。

（二）大学生就业取向的层次

大学生的就业取向也经历了一种由观念到行为的过程，包含对于就业的预选择和在现实中的实实在在的就业选择。因此从这个方面来说，大学生的就业取向应该具有两个层次。第一个层次指的是在就业观念的指导以及影响下，大学生对于就业地域、就业薪金、就业单位性质、是否去基层就业、就业是否具有专业要求等这些方面的一个预选择，这个层次还属于意识范畴，是对于就业取向的设想，从这个方面来说，这个层次的就业取向是从思想转化为行为的开端。第二个层次指的是大学生在现实中面临就业所做的实际选择，已经付诸实践，形成了就业行为，是就业观念影响到就业取向的最终结果。

三、就业观对就业取向的影响

大学生的就业观和就业取向不仅对大学生的就业具有影响，而且还对大学生就业后的整个职业生涯具有后续的影响。

大学生的就业观和就业取向对毕业生的就业直接选择有很大的影响。所谓大学生的直接就业指的是大学生在毕业后做出的就业行为，具体指大学生在毕业后直接获得的第一份工作。也就是说，就业观对于大学生在就业地域、薪金范围、单位性质等的选择都有着直接的影响。

就业观和就业取向对大学生的职业生涯具有后续的影响。也就是说，就业观和就业取向会影响大学生在就业后的一切事业和职业生涯的发展过程，与大学生毕业后的生活息息相关。如果大学生具有积极的就业观，在职业生涯中，其所作出的每一次职业选择，都会受到积极就业观的影响，使其职业生涯具有发展的潜力和空间。如果受到功利的就业观的影响，容易将金钱和名利放在第一位，不仅在第一次的就业中注重功利，而且在以后的职业生涯中，为了追求金钱和名利也容易走弯路，出现职场上的不道德现象，甚至触犯法律。

此外，如果形成只看重眼前利益、个人利益，只顾眼前的、个人的需要和发展，不考虑国家和社会的需要的就业观和就业取向，当大学生就业后，职业发展到一定程度，就很难有进一步的发展，无法充分发挥大学生在职场上的能力。

四、大学生就业观与就业取向存在的问题

（一）社会因素方面存在的问题

1. 用人制度偏差打击学生的就业信心

人事聘用制度的不完善对于大学生的就业选择也有很大的影响。用人单位在招聘的时候，会制定招聘条件，但是有些用人单位招聘标准不合理，将部分求职者排除在外。在用人制度中，户口、学校、户籍所在地、生源地的限制，以及一些性别上的差别对待、同工不同酬等现象，对大学生的就业单位选择造成很大的负面影响，也使大学生对有些岗位望而却步，失去真正展示自己才能的机会，在一定程度上造成人才的浪费，也会挫伤学生的就业信心和就业热情。

部分用人单位在招聘时明确表示只招男性或女性。例如，某些建筑施工企业以工作环境艰苦为由，只招聘男性从事现场施工管理岗位；而一些传统观念认为女性更适合的岗位，如客服、行政等，也可能存在男性难以进入的情况。机关事业单位、国有企业等在招聘时，往往更倾向于招聘有编制的人员，而编制数量有限，竞争激烈。例如，每年的公务员考试、事业单位招考，报考人数众多，但编制岗位却相对较少。部分用人单位在招聘时要求应聘者具有本地户口，或者在落户政策上对非本地户口的学生设置障碍。比如，一些一线城市的企业在招聘时会优先考虑拥有本地户口的学生，认为这样可以减少办理落户手续等方面的麻烦。一些用人单位只招聘"985""211"高校或"双一流"建设高校的毕业生，对其他普通高校的学生存在偏见，甚至在招聘公告中明确限定学校类型。一些用人单位以应聘者的户籍所在地为依据，进行区别对待。例如，某些地方的企业在招聘时更倾向于本地户籍的学生，认为他们对当地的文化、环境等更加熟悉，能够更快地适应工作。一些用人单位会对生源地有要求，比如在招聘教师岗位时，某些地方会优先考虑本地生源的学生，认为他们更有可能长期稳定地在当地工作。

为了应对这些问题，国家已经出台了相关政策，如教育部印发的《关于做好2025届全国普通高校毕业生就业创业工作的通知》，强调严格落实校园招聘"三

严禁"要求,严禁发布含有限定985高校、211高校等字样的招聘信息,严禁发布违反国家规定的有关性别、户籍、学历等歧视性条款的需求信息,严禁发布虚假和欺诈等非法就业信息。同时,学生自身也应不断提升自己的综合素质和能力,增强就业竞争力,积极调整心态,以应对各种就业挑战。

2. 社会不良舆论影响学生就业价值观

社会舆论,是指在一定社会时期中形成的关于人们对某种观念、意志和情感的舆论氛围。现在是信息时代,信息的传播范围广、速度快、内容多。尤其是互联网的广泛应用使人们开始使用微博、微信、QQ等社交软件,信息的流通越来越快,各种各样的言论和信息通过电视、报纸、广播等多媒体和互联网传播开来。社会舆论对于大学就业观形成和发展的作用是广泛而深刻的,具有较强的针对性、目的导向性、强制约束性和持久感染性。大学生是使用互联网最广泛的群体,所以一些社会舆论传播的价值观对大学生的就业观和就业取向会产生深刻的影响。在某些时期,社会对军人、医生、教师等职业正面宣传较多,这种宣传评价往往会影响大学生的职业选择,使他们更倾向于选择那些声望较高的职业。随着社会的发展和舆论的变化,一些新兴职业逐渐受到社会的认可和欢迎,如互联网行业的程序员、自由职业者和设计师等。这些职业的高薪和广阔的发展空间吸引了大量大学生的关注,使他们在就业过程中更加倾向于选择这些新兴职业。

(二)学校就业教育帮扶方面存在的问题

1. 就业政策宣传不到位,学生对基层就业政策不熟悉

从学生的访谈中了解到,学生对于就业政策一知半解,只有到了需要用的时候,才会到网络上自己查询,又由于查询方式的不专业,有时候会得到不准确的信息,甚至被网络信息误导。尽管学校会组织招聘会、就业辅导讲座等活动,但学生参与积极性不高,导致其对就业政策的认知较为模糊。学校就业帮扶的精准度不足,在针对性、具体化的政策宣传与帮扶措施方面仍比较欠缺。

2. 就业创业心理咨询工作不完善

目前,大学生就业创业的心理咨询教师队伍建设和心理咨询的相关工作内容不够完善。很多大学生在出现就业问题的时候,并不能清晰认识到自己需要咨询专家。另外,当学生在就业中表现出焦虑和矛盾的心理状态时,也很难主动去进行心理咨询。这种预约就业心理咨询师的工作方式过于单一,效果不佳且受教育面很有限。

（三）大学生自身存在的问题

1. 就业能力不足

大学生在面临就业困难问题时，即使有很强烈的就业意识和积极的就业态度，就业能力的不足也容易使他们产生挫败感，并且有一部分学生在面临残酷竞争的时候，明显缺乏自信，就业竞争意识淡薄。学生在就业过程中明显感觉自己的能力不足，难以达到用人单位的要求。

社会主义市场经济体制下，大学生就业政策的核心是"双向选择、自主择业"。在这种情况下，为了选拔优秀的人才，各个行业都存在激烈的就业竞争。学生在这种激烈的竞争下，产生强烈的就业意识。然而有大多数学生认为就业压力来自激烈的就业竞争，而非自己能力不够或达不到理想单位的用人标准。此外，也有不少学生在面临就业竞争时缺乏竞争意识、拼搏奋斗的精神和就业的信心。

2. 职业规划没有落到实处

大学生的职业规划不仅仅影响毕业时找工作，还会影响以后的职业生涯。因此，一份科学合理的职业规划对于每一个大学生来说都是非常有必要的。学生的职业规划课没有专职的职业规划教师，并且当要求学生设计职业规划书并且作为作业上交的时候，几乎没有学生认认真真对自己的职业生涯进行合理规划，而是在网络上下载现成的职业规划书，复制粘贴，修改姓名班级等基本信息，作为自己的职业规划书上交作业，教师对这种情况也敷衍处理，不闻不问。这种为了完成任务而写出的职业规划书，对于学生的求职和职业发展根本没有任何作用，最终导致他们在面临就业的时候，产生迷茫和彷徨的心态，并且还存在侥幸求职的心态，指望靠"运气"求职。

3. 产生焦虑心理且主动性不足

焦虑心理是指一种人们预期即将面临不良处境而产生的不安或者无根据的恐惧。在对大学生进行就业相关的问题访谈中，有的学生对待就业的心态是逃避，不想谈论关于将来就业的问题，有的学生表示对就业走一步看一步，有的学生甚至表现出无助和失望，还有的学生焦虑不安，尤其是在访谈的大四学生中，部分学生只要一想到关于就业的问题，就比较担忧，有失眠的现象。可见学生在面对就业时的心理状态是不安、焦虑、担忧的。就业焦虑的表现包括紧张、心慌、颤抖等生理反应，不安、害怕、忧虑等心理感受，以及注意力无法集中、频繁出现小动作等行为表现。当前，就业环境竞争激烈、供需失衡、经济形势不佳、用人单位标准变化、个人职业规划不清晰、社会期望压力等因素，进一步加剧了就业焦虑。

此外，我们在调查的时候发现，有很多学生虽然产生了就业焦虑，但是缺乏就业的主动性，错失很多的就业机会。一般临近毕业季，大型的招聘会在大四上学期就已经开始招聘，并且这时的应聘成功率相对较高，但一些毕业班的学生面临就业持回避的态度，明知道招聘会的地点、时间以及方式，但不采取任何行动。

4. 重视实践经验忽视思想品德修养的提升

在就业过程中，学生的专业理论知识、实践能力、工作经验、思想品德都是用人单位考虑的因素。但个人思想品德的意义也非常重大，包括世界观、人生观和价值观；爱国主义、集体主义和社会主义；社会公德、职业道德和家庭美德，以及个人品德修养等。从职场上来说，求职者的诚实守信、爱岗敬业和办事公道等道德品质尤为重要。因此，在就业过程中，不仅仅要重视自身的能力和实践经验的提升，更要重视思想品德的提升。

5. 就业价值取向偏差

在就业方面，学生更注重个人的发展，实现经济独立、自我价值和人生理想，将就业看作人生的实践。但是在就业中的社会贡献和社会需要方面，只有一部分学生认同或只有比较少的学生去实行，如选择去西部偏远地区工作的学生很少。在就业价值认知中，部分大学生除了看重个人价值实现外，更倾向于将福利待遇置于社会贡献之上，把就业价值主要体现在个人发展空间和经济物质回报上，这种认知使得就业价值呈现出功利化与狭隘化的倾向。但是个人存在于社会之中，个人的发展与社会的发展相辅相成，如果只考虑个人利益和个体的发展，不充分考虑社会需要，何谈充分就业？这样的就业价值观不利于整个社会经济的发展。

6. 不了解基层就业政策，择业盲目跟风

盲目跟风，指的是在就业时不顾自己的主观和客观条件，不顾自身的特长和优势，持随大流的态度或者拿别人的就业标准作为自己的就业标准，对自己的就业没有一个很好的定位。

学生对于国家的基层就业政策了解不深入，对自己的就业定位也不准确，在选择就业时，以福利待遇为标准，盲目跟风，报考公务员、事业单位。但是公务员、事业单位的竞争非常激烈，成功率很低。这也是产生就业难现象的主要原因之一，大学生感觉找不到适合自己的职业，实际上是对自己的预估和定位出现了问题。基层工作非常需要并且也能发挥很多专业优势，大学生可以选择基层工作，拓宽就业选择渠道。

第三节 大学生职业认同的教育引导

一、大学生职业认同相关概念

（一）认同

"认同"（Identity）也称为"同一性"，同一性用于描述个体在不同的时间和情境中保存其自我认同和个性特征的能力。埃里克森（Erik H. Erikson）认为同一性是个体在时间和情境变化中保持自我感的一致性和连续性的关键。[1]同一性对个体的心理健康和幸福感产生深远影响，拥有稳定的同一性认同可以帮助个体建立自尊和自信，解决身份认同的困惑和焦虑。同一性包括同一性形成与同一性错乱两个维度，青少年阶段最重要的心理发展任务就是形成同一性。

（二）职业认同

职业认同是埃里克森认同理论中的一个重要内容，属于认同的下位概念。

职业认同是个体对自己想要从事的职业进行积极探索，形成稳定职业承诺的过程，当个体拥有高水平的职业认同时，在两难情境中有能力和信心做出正确的选择。职业认同分为职业弥散、职业延缓、职业早闭与职业达成四种状态。

职业弥散（Diffuse）指个体对未来职业方向缺乏清晰目标，处于迷茫状态，未进行有意义的职业探索。其表现是频繁更换兴趣领域、逃避职业规划或依赖他人决策。处于职业弥散状态的个体，对职业没有明确的方向和规划，缺乏对职业的探索和思考，也没有形成稳定的职业认同。他们可能对各种职业选择都不太了解，或者对自己的兴趣、能力认识不足，不知道自己适合从事什么工作，在职业选择上表现出迷茫和困惑。小李是一名大学三年级的学生，他对自己所学的专业没有特别的兴趣，也没有考虑过未来的职业方向。平时除了上课，就是沉迷于游戏和娱乐，对各种职业信息不关注，也没有参加过任何与职业相关的实践活动或社团。当被问及毕业后想做什么时，他总是回答不知道，完全没有明确的职业想法。

职业延缓（Moratorium）是个体推迟职业决策，主动通过学习、实践或咨询等方式探索职业方向。其表现有制订阶段性计划（如考研、考证）以延缓决策压力等。处于职业延缓状态的个体，正在积极探索职业选择，但尚未做出明确的决定。他们意识到职业选择的重要性，开始主动收集职业信息，尝试不同的实习或兼职，通过

---

[1] Erikson, E.H. Childhood and society[M]. 2nd ed. New York: W.W.Norton & Company, 1950.

各种方式来了解自己的兴趣和能力，探索不同的职业道路，但还处于犹豫不决的阶段，没有最终确定自己的职业方向。小王是一名大四毕业生，她对自己未来的职业发展非常迷茫。她对多个领域都有一定的兴趣，如市场营销、人力资源管理和广告策划。为了确定自己的职业方向，她在大学的最后一年里，分别参加了这三个领域的实习工作。在实习过程中，她认真体验每个岗位的工作内容和氛围，与不同的同事交流，分析自己在各个岗位上的优势和不足。虽然她还没有最终决定从事哪个职业，但她积极探索的过程表明她处于职业延缓状态。

职业早闭（Foreclosure）指个体过早确定职业方向，缺乏深入探索或灵活调整，常见于受家庭压力、社会刻板印象或单一信息源影响的情况。他们可能没有深入思考自己是否真正适合这个职业，就接受了某种职业角色，缺乏对职业的深入理解和认同。小张从小就被父母期望成为一名医生，因为在父母眼中，医生是一个稳定且受人尊敬的职业。尽管小张对医学并没有特别浓厚的兴趣，但在父母的强烈要求下，他选择了报考医学院，并在毕业后进入了一家医院工作。他没有过多地考虑自己是否喜欢医生这个职业，也没有探索过其他可能的职业选择，只是按照父母的期望和安排选择了职业，这就是典型的职业早闭状态。

职业达成（Achievement）是个体经过充分探索后，形成明确的职业目标，并制定实现路径。其表现为对职业的积极承诺（如持续学习、接受挑战）和身份认同。处于职业达成状态的个体，经过充分的自我探索和职业探索，明确了自己的职业目标和方向，并对自己选择的职业有高度的认同和投入。他们清楚自己的兴趣、能力和价值观，能够将个人的特点与职业要求相匹配，积极地为实现职业目标而努力，并且在职业中能够获得成就感和满足感。小赵从小就对计算机编程感兴趣，在大学期间选择了计算机专业。在学习过程中，他不断参加各种编程竞赛和项目实践，提升自己的专业技能。毕业后，他顺利进入了一家知名的互联网公司从事软件开发工作。他对自己的职业选择非常满意，认为软件开发能够充分发挥他的优势和创造力。他积极参与公司的项目，不断学习新技术，致力于在这个领域取得更高的成就，这表明小赵达到了职业达成状态。

（三）大学生职业认同

大学生职业认同是指作为准职业者的大学生对自己想从事什么职业和能够从事何种职业形成清晰而稳定的认识，当大学生拥有高水平的职业认同时，在两难情境中有能力和信心做出正确的选择。特别需要说明的是，职业本身具有社会属性，当大学生成为职业工作者后，才拥有职业这一社会角色，但职业认同是个体自我与社会角色的融合，是大学生成为职业工作者之前所做的心理准备，是作为准职业者的个体自我与社会职业角色均衡与协调的过程。大学阶段是职业认同形成的关键时期，大学生作为准职业者的特性，既决定了其职业认同具有职业认同的一般特点，又带有大学生群体的特殊性。

首先，大学生职业认同具有发展性与可塑性。一方面，大学生职业认同不是固定不变的，而是动态发展的；另一方面，大学生职业认同不是即成的，而是可塑的。大学生职业认同的发展过程是大学生从自身经历中逐步确定、选择与发展自己职业角色的过程。大学生职业认同的发展过程与大学生身体和心理发展过程相联系，正如大学生身体和心理发展不会停止一样，大学生职业认同的发展过程也不会停止。大学生达到职业认同达成状态，意味着大学生对职业角色形成相对稳定的认识，但并不意味着职业认同发展停止。同时，大学生职业认同也不是一成不变的，而是随着社会环境、学校环境、家庭环境与个体因素的变化而变化。在新的环境条件下，大学生会形成更高层次的职业认同，即职业认同得以重塑。

其次，大学生职业认同具有社会性与个体性。认同不是个体单方面发生的行为，而是在个体社会化与社会个体化的互动过程中形成的。同样地，大学生职业认同也不是自然形成与发展的，而是在个体社会化与社会个体化的互动过程中逐渐形成与发展的。换言之，大学生职业认同并不是凭空形成与发展的，是大学生的自我界定，是大学生个体内部在外界因素的影响与制约下不断变化与发展的动态过程。大学生职业认同的形成与发展是在与他者相互作用过程中实现的，"职业"本身属于社会学的概念，职业角色也是由社会客观赋予的，大学生对职业角色的习得过程不是完全由个体自主决定的，亦即大学生职业认同是社会化与个体化相互作用、互动沟通的结果，既有个体自身内部的因素，又受到社会等因素的影响与制约，具有典型的社会性与个体性。

最后，大学生职业认同具有建构性与选择性。职业认同形成是大学生在价值引导下自主建构的过程，职业认同的形成过程即大学生对自己是否适合从事某一职业的判断与是否想从事某一职业的思考。虽然社会对某一职业角色的定性是固定的，但大学生接受职业规训的过程是自主的。职业认同的形成过程归根结底是心理的变化与稳定过程，心理的形成本身就是自主建构的过程。

二、大学生职业认同发展背景

（一）大学生职业认同发展的客观需求

大学生作为高等教育的培养对象，是创新创业的生力军，更是国家创新驱动发展战略实施的后备军。大学生的创业或者就业质量如何也成为衡量大学生的创新能力与社会价值的重要标杆。职业对于大学生而言，成为无法避之不谈的话题，也成为大学生、家长与教师不得不关注的话题。然而，适逢全面深化改革，经济结构调整的社会转型期，社会对于人才的需求更加多样化、复杂化与精细化，职业的种类也更加丰富多样。对于大学生而言，无论是创业还是就业，可以选择的空间更加广阔。随之而来的是，大学生如何认识与选择职业，如何处理自身发展与社会需要的关系等，成为影响大学生个人成长的重要问题，也成为制约创新创业事业实现的重要环节。

（二）大学生职业认同发展的内在要求

从社会发展的角度来看，高等教育是经济社会发展的"服务站"，为社会发展提供源源不断的人力资源与智力支持。大学生通过职业岗位服务社会发展是大学社会价值的重要体现。从大学生自身发展的角度看，大学生处于人生发展的黄金阶段，创新思维活跃、创造能力较强，有强烈的实现自我价值与社会价值的渴望。职业正是大学生实现自我价值与社会价值的重要载体，也是大学生实现自我价值的基本手段。

无论是从社会发展的角度，还是从大学生自身发展的角度来看，职业都应该成为大学生发展过程中普遍关注和高度重视的话题。高等教育的特殊性决定了大学生在高等教育阶段为职业生活所做的准备多集中于专业知识与技能的提升以及观念的成长。然而，知识经济社会对高等教育人才培养需求的多样化，导致越来越多的大学生出现所学专业与职业方向不匹配、职业与专业吻合度低的现象。

当然，这个问题的产生是多方面因素共同作用的结果，而大学生职业认同是其中不可忽视的因素之一，即大学生职业认同的发展越来越成为影响大学生职业生活的重要因素。同时，学术界的研究成果也证明，高等教育阶段形成的职业认同是影响大学生职业动机、职业效能感与职业投入的重要影响因素，是大学生职业选择与职业生涯发展的重要影响因素。概言之，引导大学生职业认同发展是高等教育阶段为大学生进入社会后的职业生活所做的重要准备，也是实现大学生自我发展的内在要求。

（三）大学生职业认同发展是重要环节

当前，我国高校中推行的就业指导规划课程或者就业服务项目，偏向对社会发展形势与专业发展需求的宏观分析，对大学生职业认同关注较少。如此一来，高校就业指导并不能从根本上发挥作用，对改善和提高大学生就业质量的促进作用较少。

大学生就业质量分为宏观和微观两个层面，微观层面的就业质量是指大学生个体的就业状况，宏观层面的就业质量是指大学生群体的人力资源匹配效率。职业认同水平越高，毕业生对自身与环境有更加客观准确的认知，在求职过程中感知到障碍较少，越能获得较高的就业质量。以从大学生就业质量的外延来看，促进大学生职业化认同发展既是大学生正确处理个体在职业选择与职业发展中矛盾的内在方式，又是解决大学生整体就业难、就业差等社会问题的关键途径。

总之，促进大学生职业认同发展，是高等教育发展的客观需求，是大学生自我发展的必然要求，也是提高高校就业质量的关键途径。在明确大学生职业认同的基本概念，明晰大学生职业认同发展的内涵、意义、特征与影响因素的前提下，修订与优化大学生职业认同量表，再在把握大学生职业认同发展现状的基础上，剖析大学生职业认同发展差异产生的原因，提出引导大学生职业认同发展的相关对策，是对高等教育领域下大学生心理发展的观照，也是推进大学生个体发展、高等教育改革实践的有益探索。

三、大学生职业认同发展的意义、特点及影响因素

（一）大学生职业认同发展的意义

1. 提高学生专业学习水平

与基础教育和中等教育相比，高等教育与经济社会的结合更为紧密，这也是高等教育的特殊之处，而高等教育的这一特殊性主要依赖于大学生是准职业者的客观现实。专业是大学里的基本学业分类，是大学培养人才的基本载体，每个大学生都依托于特定的专业而学习。可以说，大学生的专业学习水平是大学生就业竞争力的重要基础，是影响大学生职业认同发展的重要因素。与此同时，大学生职业认同发展又影响着大学生的专业学习水平。

对大学生而言，具有不同层次的职业认同会影响大学生对专业学习的投入程度，低层次的职业认同其专业学习投入较低，高层次的职业认同其专业学习投入较高。因而，促进大学生职业认同从低层次向高层次发展，也将会促进大学生专业学习水平由低层次向高层次发展。

2. 提高毕业生就业质量

职业认同就是个体对未来从事职业的预期并为这种预期努力的程度。很显然，个体的这种预期越明确，个体努力的程度也就越高，与此同时，个体达成预期的可能性也就越大。具体到大学生职业认同而言，大学生职业认同发展水平越高，其职业发展向好的可能性就越大，亦即大学生职业认同发展与大学生就业质量成正相

关。然而，当前我国大学生的就业质量普遍不是很高，这可从就业满意度和工资待遇两个维度来衡量：一方面，这与大学生自身学业水平不高、就业环境不好等因素有关；另一方面则与大学生职业认同发展水平不高有关。有研究者通过实证调查的方式证明，职业认同正影响着大学生的工作起薪、职业选择与就业满意度，且直接影响大学生的就业期望与职业定位，间接影响大学生的就业质量。

3. 提高创新创业教育质量

大学生是高等教育开展创新创业教育的主力军，是国家实施创新驱动发展战略的生力军。可以说，大学生创新创业教育的质量在一定程度上影响着高等教育质量，也制约着建设创新型国家的步伐。也就是说，大学生创新创业教育质量提高了，高等教育质量自然也就提高了，国家创新驱动发展战略的步伐自然也就更快了。

（二）大学生职业认同发展的特点

1. 发展结构的层次多样性

大学生职业认同并不是由单一要素构成的，而是由多种要素构成的，具有复杂的内部结构。大学生职业认同的结构复杂性决定大学生职业认同发展结构具有层次多样性。

2. 发展机制的主观能动性

矛盾论指出，事物的发展变化是内外部因素共同作用的结果，其中外部因素通过内部因素起作用，而内部因素始终是决定事物发展变化的关键——外部因素的影响需依托内部因素才能得以体现，内部因素则制约着外部因素作用的边界。就大学生职业认同发展机制来看，大学生职业认同是大学生在学习与实践过程中逐渐形成与发展起来的。在此过程中，大学生职业认同发展受到内外部因素的影响和制约，诸如社会因素、学校因素、家庭因素以及个体因素等。但社会因素、学校因素及家庭因素等外部性因素，都需要通过个体因素才能有效发挥作用。也就是说，只有大学生发挥主观能动性，才可能形成职业认同。建构主义理论也认为，无论是情感养成，还是技能习得，都离不开个体的主观建构，没有个体主观能动性、积极性的发挥，这一切都不可能。所以说，大学生职业认同发展是大学生不断反思、审视与选择的过程，是大学生主观能动性发挥的过程。

3. 发展过程的动态发展性

大学生职业认同不是一个固定不变的实体，而是一种认识、情感、态度等移入与趋向的过程。因而，大学生职业认同发展并不是一成不变的，也不是一次性就能够完成的，而是不断发展变化的，体现出鲜明的动态发展性。大学生职业认同发展与其学生涯密切相关。大学生正处于身心发展的关键时期，对未来职业的认识并不是那么清晰、稳定，尤其是在复杂多变的社会环境中更是如此。

4. 发展动力的多元复杂性

大学生职业认同发展机制主要在于调动大学生的主观能动性，但大学生职业认同发展动力不限于大学生自身，而具有多元复杂性。大学生职业认同发展结构是由多个要素构成的，与此同时每个构成要素都是影响大学生职业认同发展的因素，所以影响大学生职业认同构成要素的动力，都有可能化为大学生职业认同发展的动力。

社会变迁引起的职业变化、家庭环境产生的影响、教育教学活动的引导、文化传统形成的思维定式、社会舆论形成的价值导向、政府政策形成的导向作用、重要人物形成的榜样示范作用以及个体的自我反省等，这些因素都有可能成为大学生职业认同发展的动力来源。从动力来源的角度来说，大学生职业认同发展的动力可分为内部动力与外部动力；从动力性质的角度来说，大学职业认同发展的动力可以分为显性动力与隐性动力。无论是内部动力还是外部动力，无论是显性动力还是隐性动力，都是交互发挥作用的，大学生职业认同发展是多种动力共同作用的结果。

（三）大学生职业认同发展的影响因素

1. 社会因素

大学生职业认同发展是指向某种特定职业的，是在一定的社会背景之中形成的，因此，大学生职业认同发展也必然要受到社会因素的影响与制约。国家政策、社会经济发展水平、文化传统、社会地位与职业声望、社会舆论等都是影响大学生职业认同发展的重要因素。

（1）国家政策与就业政策。国家政策和就业政策对大学生职业认同的发展具有重要影响。国家通过制定和实施一系列就业政策，如鼓励创新创业、支持基层就业、提供就业补贴等，为大学生提供更多的就业选择和保障。这些政策不仅有助于缓解大学生的就业压力，而且能够引导他们形成正确的职业观念和职业认同。同时，国家政策还通过调整产业结构、优化就业环境等方式，为大学生创造更加有利的职业发展条件。

（2）社会经济发展水平。社会经济发展水平是影响大学生职业认同的重要因素之一。经济发达的地区往往集中了更多的优秀企业和就业机会，这为大学生提供了更广阔的职业选择空间和更大的发展平台。随着经济的不断增长,新兴行业不断涌现,传统行业也在不断转型升级,这为大学生提供了更多的职业可能性,同时也促使他们不断调整和完善自己的职业认同。

(3)社会文化环境。社会文化环境对大学生职业认同的形成和发展具有深远的影响。不同的文化背景、价值观念和社会风气都会对大学生的职业观念产生影响。例如,在强调创新、创业的社会氛围中,大学生可能更倾向于选择具有挑战性和创新性的职业;而在注重稳定、传统的社会文化中,大学生可能更倾向于选择传统、稳定的职业。此外,社会文化环境还通过影响教育、媒体等渠道,向大学生传递职业信息和职业期望,从而影响他们的职业认同。

(4)社会地位与职业声望。职业的社会地位和声望也是影响大学生职业认同的重要因素。一般来说,社会地位高、职业声望好的职业更容易受到大学生的青睐。这些职业往往具有较高的收入、良好的工作环境和广阔的职业发展前景,能够满足大学生对实现自我价值和获得社会认可的需求。因此,在职业选择过程中,大学生会倾向于选择那些社会地位高、职业声望好的职业,以形成积极的职业认同。

(5)社会舆论与媒体导向。社会舆论和媒体导向对大学生职业认同的影响也不容忽视。媒体作为信息传播的重要渠道,通过报道各种职业信息、职业案例和职业趋势,引导大学生形成对职业的认知和看法。同时,社会舆论对职业的评价和态度也会影响大学生的职业选择和认同。例如,当社会对某种职业给予高度评价时,大学生可能会更倾向于选择这种职业;反之,当社会对某种职业持负面评价时,大学生可能会对这种职业产生排斥心理。

2. 学校因素

大学生身心尚未发展成熟,具有很强的可塑性。同样,大学生职业认同发展是贯穿于大学生整个高等教育学习阶段的。因而,大学生在学校学习期间所接触到的一切,都有可能成为影响和制约大学生职业认同发展的因素。在校期间,大学生职业认同主要受到以下三方面因素的影响与制约:

(1)大学文化。大学文化包括大学的精神文化、制度文化、物质文化等,不仅仅表现形式多样,内容非常丰富,更重要的是大学文化对学生产生的影响是多方面的,大学文化对学生的知识、情感以及心理等各个方面都会产生或明或暗、或深或浅的影响。

(2)大学的课程体系与教学方式。课程体系是教育教学的基本依据,是实现学校教育目标的基本保证,对学生全面发展起着决定性的作用(这里的课程指专业基础课、实习实践课与就业指导课)。而课程的教育效应必须借助有效的教学方式才能得以体现。课程体系建设与教学方式创新是高等教育实现人才培养目标的基本载体与核心，是决定人才培养质量的基础，也深刻影响着大学生职业认同的形成与发展。

（3）实习实践活动。如果说理论课程的学习有助于提升大学生的理论素养，能够为大学生职业认同的形成与发展提供知识与心理基础，那么实习实践活动能够为大学生职业认同的形成与发展提供实践检验的机会与渠道，是大学生职业认同发展的必然环节。当然，大学生职业认同发展贯穿于高等教育学习阶段的始终，这些只是影响大学生职业认同发展的主要因素，诸如评价与考核方式也会对大学生职业认同发展产生影响。

3. 家庭因素

家庭是最基本的社会单元，是人类最重要的一种组织与制度形式。在我国，家庭是民众生活的基本单位，是社会活动与人际交往的基本组织与制度形式。不管是在经济上，在心理上，还是在精神上，家庭环境都对家庭成员产生重要影响。家庭因素对大学生职业认同发展的影响体现在诸多方面：

首先，家庭成员尤其是父母的教育经历影响大学生职业认同发展。父母良好的教育经历在现实意义上可为大学生提供一些有价值的指导，在心理和精神上可为大学生职业认同发展营造和谐的家庭文化氛围。

其次，家庭经济背景影响大学生职业认同发展。经济实力较好的家庭可以为大学生提供坚实的物质基础，塑造更高层次的职业认同，在一定程度上影响着大学生的眼界与价值追求，由此影响大学生职业认同发展。

最后，父母的期望影响大学生职业认同发展。如果一个家庭被铺天盖地的世俗成功学信息所淹没，必然会影响子女的职业期待与追求，如此一来子女职业认同难免会受其影响。

当然，影响大学生职业认同发展的家庭因素是多方面的，诸如父母关系、兄弟姐妹以及家庭的社会地位等因素也是不能忽视的，但主要还是上述三个方面。

4. 个体因素

个体因素是指个体内在的知识基础与结构、心理认知以及情感体验的因素。从本质上来说，大学生职业认同是心理活动与行为活动逐渐趋同的动态过程，亦即在某种特定价值观的影响和作用下，大学生接受这种价值观，并经过意义阐释和情感体悟之后，使这种价值观与大学生本身已有的价值观逐渐趋同的过程。与此同时，大学生的行为也表现出相应的活动，即大学生受到这种价值观的影响和作用，行为活动上也表现出符合这种价值观的实际行为。

四、促进大学生职业认同发展的策略

（一）营造促进大学生职业认同发展的文化氛围

1. 发挥家庭文化的引导作用

家庭是个体职业价值观形成的首要场所。父母的职业价值观通过日常的家庭互动、对职业相关话题的讨论以及自身的职业行为等方式，潜移默化地传递给子女。大学生通过观察父母的职业行为和对职业的态度，进行模仿和学习。父母在工作中表现出的敬业精神、职业责任感以及对职业发展的规划等，都会成为大学生职业认知的重要参照。埃里克森的自我认同理论也指出，个体在青春期阶段需要通过探索来形成自我认同，而家庭所传递的职业价值观在这一探索过程中起到了引导作用，帮助大学生明确自己的职业目标和方向。

家庭的社会资本，包括家庭的社会关系网络、人脉资源等，为大学生职业认同的发展提供了重要的实践支持。通过家庭的社会关系，大学生能够获取更多的职业信息，了解不同职业的特点、要求和发展前景，这有助于他们拓宽职业视野，做出更加明智的职业选择。家庭社会资本还为大学生提供了职业实践的机会，家庭帮助大学生获得实习、兼职等机会，使他们能够在实际的职业环境中体验职业生活，检验自己的职业兴趣和能力，进而调整和完善职业认同。这些实践经历能够让大学生将理论上的职业认知转化为实际的职业体验，增强职业认同的真实性和稳定性。

家庭文化氛围是家庭文化的综合体现，包括家庭的文化传统、价值观念、生活方式等。一个重视学习、追求进步的家庭文化氛围，能够激发大学生对知识的渴望和对职业发展的追求，使他们在职业认同过程中更加注重自身能力的提升和职业素养的培养。相反，一个消极、懈怠的家庭文化氛围可能会对大学生的职业认同产生负面影响，导致他们缺乏职业发展的动力和目标。家庭文化氛围还通过影响大学生的职业价值观和职业态度来构建职业认同的价值导向。例如，在强调奉献和服务的家庭文化氛围中成长的大学生，更有可能将社会价值的实现作为职业选择的重要依据，形成以社会贡献为导向的职业认同；而在重视物质利益的家庭文化氛围中，大学生可能会更倾向于选择经济回报高的职业，形成以物质追求为导向的职业认同。

2. 发挥大学文化的渗透作用

大学文化的影响是全面的、恒久的、先导性的，它对大学生职业认同发展的影响是潜移默化、深入内心的，同时也是无处不在、无时不有的。大学文化包括制度文化、行为文化、精神文化以及物质文化。

大学制度文化体现在大学内部的各种规章制度中，依赖于大学内部组织结构的衔接运行，是在大学发展逻辑和教育规律把握基础上形成的制度理念、逻辑和意识的总和，其在宏观层面规范大学的建设与日常运作，在微观层面影响大学生个体的发展，也对大学生职业认同的发展发挥着规范性作用。

大学行为文化是大学在履行人才培养、科学研究、社会服务、文化传承创新、国际交流合作职能的过程中形成的系统行为方式，是大学学风、教风与校风的集中体现，是大学达成教育目的和实现教育追求的基本途径，直接影响与制约着大学人才培养体系的运行，对大学生职业认同发展具有示范性作用。大学精神文化是支撑大学行为文化的思想体系，直接决定大学生人才培养活动的性质，规范大学生人才培养的方向，对大学生职业认同发展具有引领性作用。

大学物质文化是大学制度文化、行为文化与精神文化的外显形式，是大学为完成知识生产、知识传播与知识转移而专门营造的物质与心理氛围，对大学生职业认同发展具有导向性作用。

大学的制度文化、行为文化、精神文化以及物质文化彼此相互影响、相互作用，是一个不可分离的有机整体，因此，高校应该积极实现四者之间的协同一致、互促共进，引导大学生职业认同的形成与发展。

3. 发挥社会文化的支持

相比于家庭文化与大学文化，社会文化对大学生的影响更为宽广，同时也更为根本。因为大学生必定要进入社会，谋求一定的职业才能生存。也就是说，大学生并不是生活在象牙塔之内的遗世独立的个体，而是社会的一员，社会化是一个必然的过程。从某种意义上来说，大学生接受高等教育的过程就是一个逐渐社会化的过程，在这个过程中大学生职业认同逐渐发展与稳定。社会文化在大学职业认同发展过程具有如此重要的作用，但社会文化又是最难控制与改变的因素，更多时候人们只能被动接受与随大流。然而，如果从社会学中结构与行动互动的角度来看，既定结构（社会文化既定结构）一时确实难以改变，但是有目的的行动又可以在一定程度上促进结构的形成与发展。

总之，文化氛围的构建是一个长期而缓慢的过程，也是一个复杂的系统工程，只有持续不断地投入才能取得预期效果。在构建良好的大学生职业认同发展文化氛围的过程中，必须将家庭文化、大学文化以及社会文化有机衔接起来，形成系统整体，才能为大学生职业认同的形成与发展提供一贯的、积极的、持续的引导。

（二）完善引导大学生职业认同发展的课程

1. 全程开展就业指导课程

大学生职业认同的形成与发展是一个长期的过程，并非通过几次集中的就业指导就能实现质的飞跃。然而，完善的就业指导课程体系能为大学生提供全面的职业指引，久而久之，大学生的就业意识便会潜移默化地发生转变。就业指导课程的目标是帮助学生确立职业意识，建立职业认知，激发职业兴趣。如果能够从入学到毕业给予学生个体悉心、针对性的指导，帮助大学生认清自我，看清社会职业角色，形成相对清晰而稳定的职业目标，加大学习投入，不仅能够提升大学生的职业认同发展水平，而且能够提高高校毕业生的社会评价和高等教育的质量。

因此，应该重视与改善就业指导课程体系，在课程时间上贯穿本科教育的整个阶段，把握大学生职业认同发展每个时期的特点，进行有针对性的指导；课程内容上不仅仅要涉及社会经济发展需求的宏观方面，融合专业发展的需要，更要考虑当下大学生的个体发展需求；教学方式上既需要基础理论知识作为基础，又需要相应的实践活动加以确认、修正与规范。

2. 全面创新实习实践环节

实习实践课是大学生专业能力形成的重要环节，也是大学生职业认同发展的重要抓手，具有不可替代的重要作用。然而，在实践过程中很多学校的实习实践课成了一种摆设，这种现象在社会学科与人文学科非常普遍。所以，从课程建设的角度来说，要有意识地促进与引导大学生职业认同的形成与发展，必须创新实习实践教学环节。

首先，应该明确实习实践教学环节的目标。专业基础课的目标是夯实专业基础，为职业能力的形成提供营养与支撑，为职业兴趣与认知的培养奠定基础；实习实践课的目标是为确认、修正与规范职业认知与职业兴趣提供渠道，也为提高大学生职业能力提供机会。实习实践课是建立在专业基础课基础之上的，其课程质量直接受到专业基础课的影响，同时也是对专业基础课的补充。

其次，改进实习实践教学方式。大学生具有丰富的创新思维与饱满的创造热情，实践教学环节应该充分利用大学生群体的这一优势，向学生传授基本的专业知识与操作技能的同时，充分给予大学生自我发挥与团体合作的空间，实现实践创新。

最后，改善实习实践教学的评价方式。实践教学最重要的意义不在于学生完成任务量的多少，而是学生在实践教学过程中对专业以及相关职业所产生的心理认识与情感认同，实践教学的评价也应该把握这一关键，不能以实践教学的结果来衡量大学生实践教学的效果，而应该关注大学生在实践教学环节的整个过程的表现，重视形成性评价。

大学生职业认同发展贯穿于大学生活的始终，大学开设的课程都应该有意识地引导和促进大学生职业认知的形成与发展。大学生职业认同的发展是循序渐进的过程，不是一蹴而就的。但是，就目前的实际情况来看，就业指导课程的低质量、就业指导与专业学习脱离等课程建设方面存在的问题，也的确让高校错过了引导大学生职业认同发展的黄金时期，以至于在面临职业选择时，大学生容易受外部因素左右，产生职业早闭现象。要实现就业指导课、实习实践课以及专业基础课的高效协同，促进与引导大学生职业认同与发展方面形成有机整体，依然任重而道远。但是，如果三者之间不能形成有机整体，就很难发挥其积极的教育效应，难以达到预期效果。

（三）健全大学生职业认同发展的指导体系

1. 健全大学生职业认同发展指导体系的原则

1）针对性

大学生职业认同是一个心理发展过程，需要完善的心理辅导体系。大学生职业认同发展是个体内部心理、情感以及认知等相互作用的过程，这个过程中可能存在各种个体未曾遇到或难以解决的困难与障碍，这种困难与障碍若久久得不到解决，将会造成严重的心理压力，从而影响学生身心健康发展。

大学生在职业认同方面形成的心理压力与普通的心理问题不同，具有其特殊性，并且只要得到合适的疏导很快就能调整，因而，可以整合现有的心理咨询资源，配备专业的工作人员，进行专门的针对本校大学生的职业认同研究，为大学生职业认同发展提供针对性的心理辅导与咨询。

2）专业性

大学生职业认同与学业学习密切相关，需要建立学业指导体系。学业指导（Academic Advising），或称学术指导、学业顾问、学术顾问，是在明确的高等教育目标指引下，尊重学生个体的自主发展，指导者与学生在双向运动过程中，为学生在专业、课程选择、学习方法、职业化生涯规划等方面提供咨询和指导，引导学生明确个体的学业目标，形成清晰的自我认知，充分利用学术资源和学习机会，获得系统化的学习经验，提高学习能力，实现自我价值最大化的学生咨询、支持与管理体系。学业指导应该以学术为目标，但并不意味着学术是其唯一目标。

学业指导的内涵分为三个层面：一是引导学生明确学习目标，激发学习兴趣，完成学业计划，培养学习能力；二是帮助学生充分利用学习资源与机会，克服学习障碍，尽快适应大学生活，回归正常的学习状态；三是帮助学生实现学业规划与职业规划的衔接，实现自我价值的最大化。第一层面侧重对学生学术方面的引导，即导学；第二层面侧重对学生生活方面的引导和学生心理状态的调节，即导心；第三层面侧重引导学生完成高等教育与职业生涯的对接，即导航。导学是基础，导心是深化，导航是升华。这既是学业指导的深层内涵，又是学业指导的三方面目标。

开展有效的大学生学业指导能够帮助大学生克服职业认同形成与发展过程中的各种障碍，帮助大学生顺利完成专业认同与职业认同、学生生活与职业生活的衔接。但是，目前我国高校对学业指导中的重视度较低，仅有少部分高校正在建设学业指导中心，因此，国家教育部门与高校内部管理部门应该继续提供良好的资源与机会，建成与发展学业指导中心，为学生健康成长与学业进步提供更有针对性、专业化与高效率的指导。

3）实效性

大学生职业认同直接影响就业选择，因此高校需要建立健全的就业指导体系。从本质上来说，促进与引导大学生职业认同与发展的根本目的就是为大学生职业选择服务，提高大学生就业质量。当前，大学的就业指导体系主要针对毕业生开展工作，有些就业指导工作发展相对成熟的学校会进行大学生就业的相关研究，但是大部分高校还停留在为大四毕业生服务的层次。并且，这种服务主要是邀请用人单位来开展招聘会、开展各种就业宣讲会、提供就业信息等。

其背后的原因本研究不作深入分析，只从促进与引导大学生职业认同发展的角度对此作简要论述。本研究所谓提升就业指导服务的实效性，既是指扩展就业指导的服务对象，不再局限于大四阶段，而是为各个年级学生的职业认同形成与发展服务，开展有针对性的研究，又是指将宏观的经济形势、专业发展的需要与大学生的个性需求与个体发展特征结合起来，提供个性化的、全方位的数据支持与就业机会分析。

2. 健全大学生职业认同发展的指导体系的措施

1）加强职业认知教育

开设职业认知课程。在大学阶段，应开设专门的职业认知课程，帮助学生了解不同职业的特点、要求和发展前景。通过案例分析、职业访谈等方式，让学生深入了解职业的真实面貌，增强对职业的直观感受。

组织职业体验活动。鼓励学生参加实习、社会实践等活动，亲身体验职业环境，了解职业的实际运作。通过职业体验，学生可以更深入地了解自己的兴趣、能力和职业倾向，为未来的职业规划打下基础。

2）完善职业指导服务

建立职业指导中心。建立专门的职业指导中心，为学生提供个性化的职业指导服务。职业指导中心应配备专业的职业指导师，具备丰富的职业经验和专业知识，能够为学生提供有效的职业规划和就业指导。

提供职业测评工具。利用职业测评工具，如职业性格测试、职业兴趣测试等，帮助学生更准确地了解自己的职业倾向和优势。通过测评结果的分析和解读，学生可以更清晰地认识自己的职业定位和发展方向。

3）加强心理健康教育

开设心理健康教育课程。开设心理健康教育课程，帮助学生掌握基本的心理健康知识和技能。通过心理健康教育，学生可以更好地应对职业选择过程中的焦虑、迷茫等心理问题，增强自我调适能力。

提供心理咨询服务。建立心理咨询机构，为学生提供专业的心理咨询服务。心理咨询师应关注学生的职业认同问题，通过心理咨询帮助学生解决职业困惑，增强职业自信。

4）构建职业认同文化氛围

举办职业规划讲座和论坛。邀请行业专家、成功校友等举办职业规划讲座和论坛，分享职业经验和心得。通过讲座和论坛，学生可以了解不同职业的成功案例和职业发展路径，激发职业兴趣和职业认同。

加强校企合作。与企业建立紧密的合作关系，共同开展职业规划教育和就业指导活动。通过校企合作，学生可以更深入地了解企业需求和职业发展前景，增强职业认同感和就业竞争力。

5）建立职业认同发展支持系统

建立职业导师制度。为每位学生配备职业导师，提供个性化的职业指导和支持。职业导师应关注学生的职业认同发展，定期与学生进行沟通和交流，提供有针对性的建议和指导。

建立职业认同发展档案。为每位学生建立职业认同发展档案，记录学生的职业兴趣、职业规划、职业实践等方面的信息。通过档案的建立和管理，可以帮助学生更好地了解自己的职业认同发展历程，为未来的职业规划提供参考。

寝室练习小活动

一、活动名称

职业罗盘行动——我的职业价值观

二、活动目标

深度探索职业价值观，清晰认知在职业发展中自身最看重的因素；辅助职业决策与规划，将职业价值观与实际职业选择相结合，帮助成员明确契合自身价值观的职业方向，为职业规划提供核心依据；提升自我认知能力，通过活动过程中的思考、选择、表达，提升成员对自我内在需求和动机的洞察能力，学会在复杂的职业信息中筛选出符合自身价值观的要素，从而更好地认识自己与职业世界的关系。

三、活动准备

价值观清单： 整理常见的职业价值观要素清单，如成就感、独立性、人际关系、工作环境、工作生活平衡等，打印成纸质资料供成员参考。

案例材料： 收集不同职业价值观导向的人物案例，涵盖成功与挫折案例，如以追求社会价值为导向的公益工作者，以高薪资为目标的金融从业者等，形成案例集。

测评工具： 准备简易的职业价值观测评问卷，可从专业心理学网站获取，或自行设计包含核心价值观要素的选择题、排序题。

准备工具： 准备便签纸、彩笔、马克笔，方便成员记录、书写和绘制自己的职业价值观图谱；准备剪刀、胶水，用于制作展示材料。

环境布置： 将寝室桌椅摆放成围坐形式，营造轻松、开放的交流氛围；在桌上放置零食、饮料，缓解紧张情绪；在墙面设置"职业价值观探索墙"，用于张贴成员的分享内容。

注意事项： 确保寝室电脑、投影仪正常使用，用于展示案例、测评结果解读等资料；若没有投影仪，可提前将相关内容保存至手机，通过手机投屏展示。

四、活动流程

1. 情景导入（5分钟）

组织者讲述一个因职业价值观不清晰导致职业发展困境的小故事，引发成员对职业价值观重要性的思考。展示一些职业人物的图片，向成员提问："如果选择成为他们，你最看重的是什么？"自然引出活动主题。

2. 价值观初探索（15分钟）

分发职业价值观清单资料，成员仔细阅读每个价值观要素，结合自身经历和感受，初步圈选出自己认为重要的 5~8 个职业价值观。完成初步筛选后，成员利用便签纸，将圈选的价值观要素分别写在不同便签上，为后续深入思考做准备。

3. 价值观排序与抉择（15分钟）

组织者引导成员思考："如果因为现实原因，必须依次舍弃这些价值观，你会如何选择？"要求成员对已选的价值观进行排序，并逐步删减，最终保留 3 个最重要的职业价值观。在成员进行排序和抉择的过程中，鼓励大家在内心与自己对话，思考每个价值观对自己职业发展的意义，组织者可适时走动观察，解答疑问。

4. 案例分析与分享（20分钟）

分组展示不同职业价值观导向的案例材料，小组成员共同分析案例中人物的职业价值观，以及这些价值观对其职业发展产生的影响。每组选派代表分享讨论结果，其他成员可以提问、补充观点，在交流中加深对不同职业价值观的理解。

5. 个人价值观分享与讨论（25分钟）

每位成员依次分享自己最终确定的3个最重要的职业价值观，讲述选择这些价值观的原因，结合自身经历说明它们在自己心中的重要性。其他成员认真倾听，分享自己的感受和看法，可提出相关问题或分享类似经历，进行交流互动，从他人视角进一步审视自己的职业价值观。

6. 总结与延伸（10分钟）

组织者对活动进行总结，回顾职业价值观探索的过程和重要性，强调清晰的职业价值观对职业规划和人生发展的指导意义。

鼓励成员将本次活动的思考应用到实际职业规划中，持续关注自己的职业价值观变化，在未来的学习和生活中不断探索和完善。最后，将成员的职业价值观分享内容整理张贴在"职业价值观探索墙"上，作为寝室共同的成长记录。

思考题

（1）如何制定符合自身的职业规划？
（2）如何形成良好的就业观？
（3）结合自身经历，谈谈对职业认同发展的认识。
（4）如何理解就业与就业观之间的关系？

PART FIVE

第五章 大学生职业心理发展

教学目标

（1）了解大学生职业心理发展的定义。
（2）了解大学生职业心理发展的困惑。
（3）熟悉大学生职业心理发展的建议。

第一节 大学生职业心理发展概述

一、大学生职业心理发展的概念

大学生职业心理发展是指大学生在职业生涯规划、职业选择和职业发展过程中，其心理状态、认知、情感、价值观等方面随着时间和经验的积累而不断变化和发展的过程。这一过程涉及大学生对自我、职业、社会及三者关系的认知与理解，是大学生从校园走向职场、从学生身份转变为职业人的重要心理过渡。

二、大学生职业心理发展的特征

（一）动态性与阶段性

大学生职业心理发展是一个动态的过程，随着个人成长和社会环境的变化而不断变化。同时，这一过程也呈现出明显的阶段性特征，如空想期、尝试期、现实期等，每个阶段都有其特定的心理特点和任务。

（二）个体差异性

由于每个人的性格、兴趣、价值观、教育背景等因素不同，大学生在职业心理发展上表现出明显的个体差异。这种差异性使得每个人的职业规划、职业选择和职业发展路径都各具特色。

（三）社会性与互动性

大学生的职业心理发展不仅受到个人因素的影响，而且受到社会环境、家庭背景、学校教育等多重因素的制约和影响。同时，大学生在职业心理发展过程中也会与他人进行互动和交流，从而不断调整和完善自己的职业规划。

（四）矛盾性与冲突性

大学生在职业心理发展过程中常常会遇到各种矛盾和冲突，如理想与现实的矛盾、个人兴趣与社会需求的矛盾等。这些矛盾和冲突使得大学生在职业选择和职业发展上常常感到困惑和迷茫。

三、大学生职业心理发展的理论

（一）职业性发展理论

该理论由金兹伯格（Eli Ginzberg）和舒伯（Donald E.Super）等人提出，强调人的职业能力和对职业的认识是不断发展的、演进的，是一个不断成长、不断成熟的过程。该理论认为，职业选择决策是一个发展过程，而不是一个瞬间完成的决定。[1][2]

（二）职业生涯阶段理论

舒伯等人在职业性发展理论的基础上，进一步提出了职业生涯阶段理论。[3]该理论将职业生涯划分为不同的阶段，每个阶段都有其特定的心理特点和任务。如空想期（少年儿童时期）、尝试期（青少年时期）、现实期（成年早期）等。

（三）职业锚理论

职业锚是指个体在职业选择中坚持和追求的最重要的价值观或技能。[4]该理论认为，每个人的职业锚都是不同的，它影响着个体的职业选择和职业发展。

---

[1] 王期娜.舒伯生涯发展理论述评[J].唐山职业技术学院学报,2010,(3):64-66.
[2] 姚裕群.生涯的演进过程分析—金兹伯格与萨帕的职业发展理论[J].中国人才,2000,(11):41-42.
[3] Super, D.E. The psychology of careers[M]. New York:Harper & Row, 1957.
[4] Schein, E. H. Career dynamics: Matching individual and organizational needs[M]. Boston:Addison-Wesley, 1978.

（四）社会认知职业理论

该理论强调个体在职业选择和发展过程中的主动性和能动性，认为个体通过不断学习和实践来形成对自我、职业和社会的认知和理解。[1]

四、大学生职业心理发展的问题

（一）自我认知不清

部分大学生在职业心理发展过程中对自己的定位缺乏清晰的认识。他们不清楚自己适合什么样的职业或岗位，难以在众多行业和岗位中做出明智的选择。这种模糊的定位使得他们在职业发展上缺乏方向感和目标感。

（二）职业规划不明确

由于缺乏对自我和职业市场的深入了解，部分大学生在职业规划上缺乏明确的目标和计划，在职业发展上也缺乏方向感和动力。

（三）职业期望与现实差距大

部分大学生对职业的期望过高，当现实无法满足其期望时，就会产生失落感和挫败感。这种失落感不仅影响了他们的职业发展，而且可能对他们的自信心和动力构成打击。

（四）职业适应能力不足

部分大学生在职业心理发展过程中缺乏必要的社会适应能力。他们难以适应新的工作环境、建立良好的人际关系以及快速学习新知识。这种弱化的社会适应能力不仅影响了他们的工作表现，而且增加了他们在职场中的心理负担。

（五）就业焦虑

随着就业市场竞争的加剧和就业压力的增大，部分大学生在就业过程中产生了明显的焦虑情绪。他们担心自己的专业能力、综合素质和竞争力无法满足用人单位的需求，害怕被拒绝和淘汰。这种焦虑情绪不仅影响了他们的就业决策和职业发展，而且可能对他们的心理健康产生长远的负面影响。

---

[1] Lent, R.W., Brown, S.D. & Hackett, G. Toward a unifying social cognitive theory of career and academic interest, choice, and performance[J]. Journal of Vocational Behavior, 1994, 45(1):79-122.

（六）从众与攀比心理

部分大学生在职业选择和职业发展上盲目从众和攀比。他们过分关注他人的职业选择和职业发展状况，忽视了自己的实际情况和需求。这种从众和攀比心理不仅影响了他们的职业决策和职业发展，而且可能导致他们错失适合自己的职业机会。

第二节 大学生职业心理发展建议

在我国经济发展下行压力不断加大，传统的产业规模优势和低成本优势已经不复存在之时，将经济发展由粗放型发展转变到提高质量和效益的发展上来是非常必要的。由国外发达国家的经济建设经验可知，只有重视高校教育，大力培养高技能技术人才，才能实现制造大国向制造强国转变。只有让毕业大学生在其岗位上发挥强大的作用，最终形成大学生、企业双赢的局面，国家的经济、技术水平才会突飞猛进，实现质的飞跃。

一、重视培养学生归属感

企业要重视培养大学生的归属感和自豪感。职业适应不只是员工个人的事情，如果企业在大学生职业适应的过程中多给予一点帮助，让他们适应得快而好，这对企业也是非常有利的。有的企业只重视眼前利益，不重视文化建设和人文关怀，更多是把他们作为廉价劳动力或者临时工来使用，不太重视对大学生的培养。高校学生在这样的企业中感受不到归属感，他们对企业也自然缺乏忠诚度，这样的结果显然也会给企业带来经济上的损失。企业若能结合大学生自身的职业规划，重视和培养他们，给他们安排合适的岗位，同时给他们提供职业上升的通道，鼓励他们不断努力进步。同时重视企业文化建设，通过丰富多彩的活动凝聚员工的心，不断增强他们的企业归属感和自豪感，就能在无形中提高高校学生主动适应职场的心理动力，提高他们的企业忠诚度和职业稳定性。

二、培养学生的综合素质

对于企业而言，高校学生是员工不是学员，企业也只会重视和留住值得留住的员工。要想让高校学生成为企业愿意留住的人，高校应承担更大的培养和教育的责任。

高校要不断挖掘和提高学生的心理资本。通过开设心理课,开展心理健康活动、素质拓展训练,改变唯分数的单一评价体系等,让高校学生在学习和活动参与和社会实践过程中,不断提高自身的自我效能、职业发展、顽强韧劲、乐观态度等心理能力,从而更好地适应未来的工作岗位。另外,除了要重视对学生专业实践能力的培养外,高校要引导学生在校期间做好职业规划,也要加强对学生的感恩教育,让学生意识到要对企业的培养心怀感激,企业和员工是共进退的,让学生学会用双赢或多赢的思维模式去思考自己在工作中遇到的问题,避免偏激和不负责任的心态。

当今时代浮躁、急功近利的心态较为普遍,匠心精神的缺乏严重影响高校学生工作的稳定性,也制约他们未来职业的发展。高校要培养他们对专业的热爱,增强学生钻研、解决问题的毅力和恒心,培育其吃苦耐劳的精神,引导他们爱岗敬业,在自己的职业道路上慢慢成长为"大国工匠"。

三、培育学生企业忠诚度

(一)积极组织实习实训

学校主导与企业合作建立实习基地,为学生提供真实的职业环境和实践机会。鼓励学生在实习期间积极参与企业项目,深入了解企业运作和业务流程。与企业合作开展项目研究或创新活动,让学生在实践中锻炼能力并增强对企业的了解。通过项目合作,让学生感受到企业对创新和人才的重视,从而激发他们对企业的忠诚度。

(二)加强师生与企业间的互动与合作

课堂上积极引导学生了解企业,分享自己的职业经验和心得。鼓励教师与学生共同参与企业项目或实习活动,加强师生间的互动与合作。加强与企业的合作与交流,共同开展人才培养、科学研究等活动。通过校企合作,为学生提供更多的实践机会和职业发展路径,增强他们对企业的信任和忠诚度。

(三)培养学生的社会责任感与职业道德

在课程中加入社会责任教育内容,引导学生关注社会问题和企业责任。组织学生参与志愿服务、公益活动等,培养他们的社会责任感和公民意识。加强职业道德教育,引导学生树立正确的职业观和价值观。通过案例分析、角色扮演等方式,让学生深入了解职业道德的重要性和实践要求。

（四）建立校友网络与持续支持机制

建立校友网络，为毕业生提供持续的职业发展资源和支持。通过校友网络，让毕业生能够与企业保持联系，了解行业动态和职业发展机会。为毕业生提供职业规划、就业指导等持续支持服务。定期举办校友聚会、职业发展讲座等活动，加强校友间的联系和交流。

四、建立大学生职业心理发展辅导体系

（一）加强职业生涯规划教育

高校应加强对大学生的职业生涯规划教育，帮助他们了解自己的兴趣、能力和价值观等方面的特点，明确自己的职业目标和方向。同时，还应提供个性化的职业规划指导服务，帮助大学生制定切实可行的职业规划方案。

（二）提升综合能力培养

高校应注重培养大学生的综合能力，包括沟通能力、团队协作能力、解决问题的能力等。通过组织各种实践活动和培训课程等方式，提升大学生的职业素养和综合能力水平。

（三）强化心理健康教育

高校应建立健全的心理健康教育体系，加强对大学生的心理健康教育和服务。通过开展心理健康教育讲座、心理咨询等活动，帮助大学生解决在职业心理发展过程中遇到的心理问题和困惑。

（四）构建多元就业信息平台

高校应积极构建多元就业信息平台，为大学生提供丰富的就业资源和信息。通过与用人单位建立紧密的合作关系、举办招聘会等方式，帮助大学生了解就业市场需求和就业形势变化，提高他们的就业竞争力和适应能力。

（五）鼓励创新创业教育

鼓励大学生积极参与创新创业活动，培养他们的创新思维和创业能力。通过开设创新创业课程、提供创业指导和支持等方式，激发大学生的创业热情和动力，为他们的职业发展提供更多的选择和机会。

寝室练习小活动

一、活动名称

职场心理铠甲锻造计划

二、活动目标

强化抗压能力，通过模拟职场压力场景，让寝室成员体验职场中可能面临的压力源，学习并实践有效的抗压方法，提升在高压环境下保持稳定工作状态的能力；提升情绪管理水平，认识职场常见负面情绪，掌握情绪调节技巧，如压力释放、焦虑缓解、情绪疏导等方法，培养积极向上的职场心态；增强心理调适能力，引导成员学会在面对职场挫折、人际冲突等问题时，及时调整心理状态，以理性、积极的态度应对，增强心理韧性和适应能力。

三、活动准备

场景道具：利用寝室现有物品制作简易职场道具，如用硬纸板制作"工作任务卡""绩效评估表"；准备小铃铛模拟"工作截止时间提醒"；用不同颜色的便签纸代表职场中不同角色的标识。

资料文档：整理常见职场压力场景案例（如项目失败、客户投诉、加班赶工等）、情绪管理技巧资料（如深呼吸法、情绪日记法）、心理调适方法手册，打印成纸质材料或整理成电子版方便展示。

记录工具：准备便签纸、笔、小本子，用于成员记录自己的想法、感受和应对策略；若条件允许，可准备录音设备记录活动讨论内容。

活动准备：活动前，全体成员通过网络课程、科普文章等，学习基础的职场心理学知识，如压力产生机制、情绪管理理论，为活动开展奠定知识基础。寝室长或组织者提前熟悉活动流程、案例内容和引导话术，确保活动顺利进行。

场地布置：将寝室空间划分为"职场任务区""心理加油站"（用于休息和讨论）"成果展示区"，通过张贴标语、悬挂小标识营造职场氛围，如在"职场任务区"张贴"高效执行，挑战自我"字样。

四、活动流程

1. 情境导入（5分钟）

组织者通过讲述一段生动的职场压力小故事，如新人因项目失误陷入焦虑的经历，引发成员共鸣，介绍"职场心理铠甲锻造计划"活动主题和目标，说明活动流程和规则，激发大家的参与热情。

2. 压力场景模拟（25分钟）

随机抽取职场压力场景案例，如"在团队项目中，因你的失误导致进度严重滞后，团队成员不满，客户投诉"。抽到案例的成员作为主角，其他寝室成员分别扮演团队领导、同事、客户等角色，进行场景模拟。在模拟过程中，"主角"需应对各方压力，尝试解决问题，其他成员根据角色设定提出各种难题并表达质疑，营造真实压力氛围。每轮模拟限时8~10分钟，结束后，"主角"分享自己在模拟过程中的心理感受和应对方法，其他成员从旁观者角度进行点评，指出优点和不足。

3. 心理技巧学习（20分钟）

组织者结合模拟场景中出现的心理问题，如焦虑、自责、委屈等，讲解对应的情绪管理和心理调适技巧，如通过积极的自我暗示缓解焦虑，运用换位思考化解委屈情绪。以小组讨论形式，让成员分享自己在生活中成功调节情绪的经验，互相学习借鉴，共同探讨如何将这些方法应用到职场场景中。

4. 团队任务挑战（25分钟）

布置团队任务，如"在20分钟内完成一份模拟产品推广方案，并进行展示，其间设置突发状况（如设备故障、时间缩短）增加压力"。成员分工协作，在完成任务的过程中，模拟职场团队沟通、分工、解决冲突等环节，同时运用刚刚学习的心理调适技巧应对任务压力。任务结束后，展示成果，每个人进行自我反思并互相评价，重点关注成员在压力下的心理状态和协作表现。

5. 复盘总结（15分钟）

每位成员分享本次活动的收获，包括对职场心理压力的新认识、学到的实用心理调适技巧，以及在团队协作中的感悟。组织者对活动进行全面总结，梳理活动中涉及的心理技巧和应对策略，强调持续锻炼职场心理能力的重要性，鼓励大家在日常学习生活中主动运用这些方法，不断强化自己的"职场心理铠甲"。

思考题

（1）如何理解大学生职业心理发展？
（2）分析大学生职业心理发展问题并提出调适建议。
（3）结合自身情况撰写一份职业心理发展报告。

PART SIX

第六章 大学生职业规划与求职心理

教学目标

（1）了解大学生职业选择的特性及引导策略。
（2）学会调控自己的求职情绪。
（3）了解求职时应注意哪些方面。
（4）了解当代大学生的网络求职。

第一节 大学生职业规划与定位

择业是个体从对职业的评价、意向、态度出发，依照自己的职业期望、兴趣、爱好、能力等，对就业种类、方向的挑选，目的在于使自身能力素质与职业需求特征相符。

理性择业有助于大学生有意识地规划个人的学习，形成较为合理的就业期望值，正确对待求职压力，提高其求职的成功性和就职的稳定性，变"先就业，后择业"为"慎择业，稳就业"，在提高学生就业率的同时推动其职业良性发展。

一、大学生职业选择的特性

（一）职业动机二元化但以职业发展为主

职业动机是人们择业的内在动力。大学生职业动机从高到低依次为：职业发展前景、经济收入、职业稳定性、个人兴趣、社会地位、个人技能提升。职业选择呈现出以职业发展和经济收入为主的二元化特点。个人技能提升占比最低，忽视职业内部因素，造成就业缺乏稳定性，一旦收入等外在因素发生变化就会影响其选择。不同年级学生职业动机的显著性水平存在差异，大四学生更注重经济收入，大一学生更注重职业发展前景。随着即将步入社会，择业更考虑现实性因素，因此高年级学生职业动机以经济因素为主，这也是"先就业，后择业"观念的表现。低年级学生就业压力暂时不突出，择业更倾向于长期发展。

（二）择业自主性偏低

择业自主性指个人独立决定就业的能力。在就业竞争加剧的背景下，不少人倾向借助社会关系降低求职难度，致使择业自主性整体呈下降趋势，大学生群体也表现出择业自主性不足、求职独立性较弱的特征。

（三）职业以稳定型为主

大学生求职的类型选择中，公务员等稳定型职业占最大比重。职业及收入稳定性对学生有很大吸引力，也反映了大学生择业具有一定盲目和从众性，不是根据个人专业、兴趣爱好、个性特点等，而是主要按照社会评价进行职业选择。大部分学生不急于就业，而是反复参加各类公招考试，还有部分学生入职公务员后却发现自己不能适应。而大部分中小企业无法招聘到优秀人才，影响地区经济的长远发展。

（四）有较强择业信心

择业信心是大学生对能否找到满意的工作的自我估计，对职业生涯定位以及学习动机都具有影响。通过系统的学习和实践，大学生能够掌握扎实的专业知识和相关技能，获得宝贵的工作经验，对职场有更深入的了解。而学校提供的就业指导服务，如职业规划、求职技巧培训、面试模拟等，有助于大学生更好地了解就业市场和求职流程，提高他们的求职能力和成功率。这些服务增强了大学生对就业市场的适应性，进而提升了他们的择业信心。社会经济的发展和就业市场的繁荣为大学生提供了更多的就业机会。个人成长与能力提升、学校教育与就业指导以及社会环境与政策支持等方面都起到了重要的作用，这些因素相互交织、相互促进，共同为大学生择业信心的增强提供了有力保障。

二、引导大学生理性就业的策略

（一）构建职业规划体系

高校应构建包括大学生职业生涯规划咨询建设和大学生职业生涯规划测评建设等内容的职业生涯规划体系。教师帮助学生树立职业规划意识，指导学生进行良好的自我定位，明确个人的兴趣、能力；通过测评技术帮助学生客观认识和定位自我，指导学生选择与就业意向相近的职业；通过见习、兼职等方式锻炼职业技能，形成较为稳定的择业意愿；对学生提供就业政策咨询、求职技巧指导、就业心理疏导等服务，形成完整渐进的职业生涯规划服务体系。

（二）重视职业技能培养

首先通过理论知识学习、社会实践锻炼等方式培养个人职业能力，既要培养一般能力如认知、沟通、公文撰写能力等，又要培养专业能力，帮助大学生树立专业意识，注重理论知识的系统学习，为职业技能培养奠定坚实的理论基础。大学生在选择实践岗位时，教师应引导学生选择与自己的兴趣、专业相结合的岗位，不同实践岗位之间要具有相关性和连续性，从而系统培养个人的职业能力。其次，教师应加强对大学生求职能力的培养，提高其求职表现力。

（三）建立高素质的就业指导班子

高校应建立起"辅导员+专业教师+班主任"的就业指导班子。辅导员主要负责就业政策的宣传解读、就业服务的统筹协调、就业问题的分析汇总、就业信息发布；专业教师由人力资源管理、心理学等专业教师担任，提供职业生涯规划、职业选择咨询、就业技巧培训、就业压力疏导等服务，使大学生具备理性择业的能力和心态；班主任做好就业政策宣传，及时了解、统计学生就业情况，提供咨询服务。

（四）增强毕业生跟踪调查

就业指导班子应通过跟踪调查获得就业结果的反馈，进而改善就业服务。目前毕业生跟踪调查主要采取访谈和问卷回访的方式，成本高、回收率低。高校可建立毕业生追踪调查系统，毕业生在系统中自行填写、更新就业信息，提供全面反馈。同时开展制度性的回访了解毕业生就业情况，评估就业服务的有效性及存在的问题，不断完善大学生职业指导服务体系。

第二节　大学生求职心理

一、大学生求职中常见的心理问题

（一）焦虑与恐慌

随着毕业日期的临近，求职的压力如潮水般涌来。许多大学生开始陷入焦虑和恐慌之中。他们担心自己无法找到理想的工作，害怕辜负家人和自己的期望。这种焦虑情绪在看到身边同学陆续收到录用通知时会愈发严重。相关调查显示，超过70%的大学生在求职期间会出现不同程度的焦虑症状，表现为失眠、食欲不振、情绪烦躁等。[①]焦虑会使大学生在求职过程中难以保持冷静和理智，影响他们的面试表现和决策能力。

（二）自卑与自我怀疑

部分大学生在求职时，会因自身的一些因素，如学校名气不够、专业不够热门、成绩不够突出等，产生自卑心理。他们在面对招聘单位时，缺乏自信，不敢充分展示自己的优势和能力。在简历投递和面试过程中，常常会自我设限，认为自己无法胜任心仪的岗位。这种自卑心理源于对自身价值的过低评估，使得他们错失了许多宝贵的就业机会。

（三）盲目自信与自负

与自卑相反，一些大学生则表现出过度的自信甚至自负。这类大学生对自己的能力和未来有着不切实际的幻想，认为凭借自己的学历和能力，能够轻松获得理想的工作，对就业形势和用人单位的要求缺乏正确的认识。很多大学生抱有"精英情结"，导致大学生及其家长对就业产生过高期望，希望留在发达城市，从事金融、计算机等热门行业，薪资期望也普遍较高。但现实往往与期望存在差距，这种落差会使大学生感到迷茫、挫败，甚至产生自我否定的情绪。

（四）从众与依赖

在求职过程中，不少大学生存在从众心理，缺乏独立思考和自主决策的能力。他们往往会跟风选择热门行业和岗位，而不考虑自身的兴趣和特长是否与之匹配。同时，部分大学生对家长和老师存在过度依赖、将求职的希望寄托在他人身上、缺乏求职的积极性和主动性的问题。例如，有些学生在选择就业方向时，完全听从家长的安排，而没有考虑自己的职业发展规划。这种从众和依赖心理，不利于大学生找到真正适合自己的职业道路。

（五）挫折感与失落感

求职过程中，遭受拒绝是常有的事。然而，一些大学生在面对挫折时，容易产生强烈的挫折感和失落感，甚至一蹶不振。一次面试的失败，可能会让他们对

---

① 搜狐新闻. 毕业即"战场"：应届生求职焦虑大揭秘[EB/OL]. （2025-06-12）. https://m.sohu.com/a/903765030_121885332/.

自己的能力产生极大的怀疑，进而失去继续求职的信心。这种挫折感如果不能及时得到调整，会对大学生的心理健康造成严重的负面影响，影响他们未来的职业发展。

（六）其他心理问题

除了上述心理问题外，大学生在求职过程中还可能表现出急躁、冷漠、孤傲、自卑、怯懦等心理状态。急躁时缺乏自我调控能力，容易产生过激行为；冷漠则是个体对挫折环境自我逃避式退缩的一种心理反应；孤傲和自卑则分别由过高估计自己和过多否定自己而产生；怯懦则是在遭受挫折后对求职面试产生惧怕心理。

二、大学生求职心理问题产生的原因

（一）个人认知偏差

大学生对自身的认知往往存在偏差，部分大学生对自我缺乏清晰的认知，不了解自己的兴趣、优势和价值观。部分学生过度关注自身的不足，如成绩不够优异、实践经验匮乏等，从而产生自卑心理，在求职时低估自己的竞争力，不敢争取更好的机会。而部分学生则过于高估自己，对自身能力盲目自信，忽视了自身的实际水平和就业市场的需求。如对职业的过于挑剔、对薪资的过高期望等，这些不合理信念会限制他们的求职范围和机会，增加他们的心理压力。此外，大学生在求职过程中往往面临各种挫折和失败，且过高估计了自己的心理承受能力。一些学生难以正确应对这些挫折和失败，容易产生自卑、抑郁等心理问题。

（二）家庭期望与压力

家庭环境对大学生求职心理有着深远影响。许多家长对子女寄予厚望，期望他们能找到一份体面、稳定且高薪的工作。这种期望在无形之中给大学生带来了巨大的压力。为了满足家长的期望，大学生在求职时往往会优先考虑那些符合家长标准的工作，而忽视了自身的兴趣和职业发展规划。一旦未能达到家长的期望，他们便会产生强烈的自责和焦虑情绪。部分大学生在就业时表现出较强的依赖性，过分依赖家庭的联系或安排，这种依赖心理会削弱他们的自主性和独立性，影响他们的求职效果和心理健康。此外，家庭经济状况也会影响大学生的求职心态。经济条件较差的家庭，学生可能急于找到一份高薪工作来缓解家庭经济压力，这使得他们在求职过程中更加焦虑和紧张。

（三）学校就业指导不足

学校在大学生求职过程中扮演着重要角色，但目前部分高校的就业指导工作存在一定的不足。就业指导课程往往形式单一，内容局限于简历制作、面试技巧等基础层面，缺乏对学生职业规划、职业素养以及就业心理的深入指导，学生在求职时缺乏方向感和动力，容易产生迷茫和焦虑等心理问题。学生在面对复杂多变的就业市场时，难以从这些课程中获得足够的应对策略和心理支持。此外，学校与企业之间的合作不够紧密，未能为学生提供充足的实习和就业机会。高校对毕业生的就业指导多偏重思想政策教育，缺乏对学生求职能力的培养训练和健康心理疏导。这使得毕业生在求职过程中缺乏必要的技能和心理素质，容易产生心理问题。学生缺乏实践经验，对职场了解甚少，这进一步加剧了他们在求职时的恐惧和不安。

（四）社会竞争压力巨大

当今社会，就业竞争日益激烈，随着高校的持续扩招，毕业生数量逐年增加，而就业岗位的增长速度相对缓慢。与此同时，科技的发展和产业结构的调整使一些传统行业逐渐衰退，新兴行业不断涌现，就业环境的变化让大学生在求职过程中面临更多的不确定性和挑战。不同行业和岗位对人才的要求越来越高，不仅要求求职者具备扎实的专业知识，而且要求他们具备丰富的实践经验、良好的沟通能力和团队协作精神等综合素质。在这种情况下，大学生往往感到力不从心，担心自己无法在激烈的竞争中脱颖而出，从而产生焦虑、恐慌等心理问题。此外，社会舆论对大学生就业的过度关注和片面解读，以及存在的一些不正之风，如关系户、走后门等现象，对大学毕业生的就业心理产生巨大冲击，使他们感到不公平，进而产生焦虑、急躁等心理问题。

第三节　大学生求职心理问题应对

一、大学生求职心理问题应对原则

（一）积极主动原则

大学生在求职过程中，应秉持积极主动的态度。主动收集就业信息，通过学校就业指导中心、招聘网站、企业官网等多种渠道，广泛了解各类招聘资讯，不放过任何可能的机会。主动参与求职活动，积极投递简历，参加校园招聘会、企业宣讲会以及各类面试。不能因害怕失败或遭遇拒绝而消极等待,只有积极行动起来,才能增加成功的概率。主动寻求帮助,当遇到心理困扰时,不要独自承受,可向老师、同学、家长或专业心理咨询师倾诉,获取他们的建议和支持。

(二)客观理性原则

面对求职中的各种情况,大学生要保持客观理性。在自我评价方面,要全面、客观地认识自己的优势与不足,既不盲目自卑,又不过度自负。依据自身的专业技能、兴趣爱好、实践经验等,合理设定求职目标,避免目标过高或过低。在看待就业市场时,要理性分析就业形势,了解不同行业和岗位的需求特点,不被表面的热门或冷门所迷惑。面对求职过程中的挫折,如面试失败、被企业拒绝等,要客观分析原因,是自身能力不足,还是岗位匹配度问题,而不是一味地陷入自我否定或抱怨情绪中。

(三)自我调节原则

求职过程中压力与挫折不可避免,大学生需具备良好的自我调节能力。当出现焦虑、紧张等负面情绪时,要学会运用合适的方法进行调节。比如通过运动释放压力。跑步、打球等有氧运动能促使身体分泌内啡肽,改善情绪状态;听音乐、看电影等方式能够放松身心,转移注意力;还可以通过积极的自我暗示,鼓励自己"我有能力胜任这份工作""每一次尝试都是成长的机会",增强自信心。同时,要合理安排时间和精力,避免因过度投入求职而忽视自身身心健康,保持生活的平衡与节奏。

(四)持续学习原则

为更好地应对求职心理问题以及职场挑战,大学生应坚持持续学习。一方面,大学生可以不断提升专业知识和技能,通过参加培训课程、考取相关证书、参与科研项目等方式,增强自己在就业市场中的竞争力,减少因能力不足而产生的心理压力;另一方面,大学生可以学习求职技巧和职场礼仪,提高简历制作、面试沟通等能力,使自己在求职过程中更加从容自信。此外,还应注重学习心理健康知识,了解常见心理问题的应对方法,提升自身心理素质和心理调适能力。

二、大学生求职心理问题应对策略

(一)提高自我认知,合理定位职业目标

正确认识自己是解决求职心理问题的基础。大学生应全面评估自身的专业知

识、技能水平、兴趣爱好、性格特点以及实践经验等，通过自我反思、与老师同学交流、参加职业测评等方式，深入了解自己的优势与劣势。例如，性格开朗、善于沟通的学生，在销售、人力资源等岗位可能更具优势；而逻辑思维强、喜欢钻研的学生，可能更适合技术研发类工作。大学生可以依据对自身的清晰认知，结合就业市场的需求，合理设定求职目标，避免因目标过高导致屡遭挫折而产生挫败感，或因目标过低而埋没自身潜力。这些目标应包括薪资水平、工作类型、地理位置等多个方面，以确保求职过程的方向性和针对性。培养积极心态，通过参加心理讲座、阅读励志书籍等方式，学会调整情绪，增强自我调适能力。

（二）强化情绪管理，保持积极心态

大学生应根据当前就业形势和自身实际情况，合理调整期望值。在求职过程中，大学生需要保持理性态度，避免盲目跟风或冲动决策。可以通过与朋友、家人讨论，参加职业规划讲座等方式，增强自己的决策能力。此外，求职过程往往充满压力和挑战，大学生应学会平衡生活与工作，通过运动、旅行、阅读等方式，放松身心，缓解压力。同时，大学生应始终保持乐观积极的心理状态，通过深化自我认知、构建支持系统、培养成长性思维，为长期职业发展奠定坚实的心理基础。

（三）提升求职技巧，增强竞争底气

大学生应加强专业学习，充分利用大学时光，深入学习专业知识，提升专业技能。此外，还应该注重培养自己的综合素质，如沟通能力、团队协作能力、领导力等。通过实习、兼职等方式，积累实践经验，提升自己的实践能力。熟练掌握求职技巧能有效提升求职成功率，从而减少心理压力。在简历制作方面，要突出重点，将与目标岗位相关的经历、技能、成果等清晰呈现，运用简洁明了的排版和醒目的格式，吸引招聘者的注意。面试前，充分了解应聘企业的背景、文化、业务范围以及目标岗位的职责要求，针对性地准备常见问题的回答。在面试过程中，注意仪表仪态，保持良好的眼神交流，语言表达清晰流畅，展现出自己的专业素养和积极态度。此外，还可以通过参加模拟面试、观看面试技巧视频等方式，不断提升自己的面试能力。

（四）拓展社交网络，获取多元支持

强大的社交网络能为大学生求职提供丰富的信息和精神支持。利用社交媒体、校友会等资源，大学生可以主动拓展人脉，了解更多的招聘信息和职场动态。高校通常设有就业指导中心或职业规划部门，为大学生提供求职咨询、简历制作、面试技巧等方面的指导。大学生应充分利用这些资源，提升自己的求职能力。大学生还

应积极参加校园招聘会、行业论坛、校友聚会等活动，结识企业招聘人员、行业前辈以及校友等。通过与他们交流，不仅能获取最新的就业信息和岗位推荐，而且能从他们那里得到宝贵的求职经验和职业发展建议。同时，在遇到心理问题时，不要独自承受，要及时与家人、朋友、老师沟通，分享自己的困惑和压力。他们的理解、鼓励和建议能帮助大学生缓解心理负担，重新树立信心。

（五）持续学习成长，提升综合实力

面对不断变化的就业市场和日益激烈的竞争，持续学习是提升竞争力、缓解心理焦虑的根本途径。大学生应深入学习专业知识，通过参加培训课程、考取相关证书、参与科研项目等方式，拓宽专业知识面，提升专业技能水平。特别应该注重综合素质的培养，如沟通能力、团队协作能力、问题解决能力等。此外，还应关注行业动态和前沿技术，不断更新自己的知识体系，使自己在求职过程中更具优势，以从容的心态应对各种挑战。

（六）总结与反思，持续成长与进步

每次求职经历都是一次学习和成长的机会。一次失败的求职经历并不可怕，大学生应认真总结经验教训，了解自己的优势和不足，为下一次求职做好准备。此外，大学生需要保持持续学习的态度以应对社会和职场的发展变化。通过参加培训课程、阅读行业资讯等方式了解最新的职场动态和技术趋势后，如果发现自己的职业兴趣与发展方向已发生变化，应及时调整职业规划，以确保职业发展道路更加清晰明确。

寝室练习小活动

一、活动名称

竞聘成功想象训练

二、活动目标

增强在求职场上竞聘的信心。

三、活动时间

20分钟。

四、活动流程

每个同学闭目静想三分钟。要求想象四个方面的内容：一是想自己准备选择什么样的单位。二是在竞聘面试时怎样完美地介绍自己（包括所学专业、考试成

绩、自己的特长等）。三是在面试时招聘方提出了什么样的问题，自己是如何回答的。四是面试成功了，签订合同后的喜悦心情。然后，全寝室同学轮流介绍自己求职面试的情况，让同伴分享自己成功后的快乐，以此来增强在求职场上竞聘的信心。

此外，求职遇到挫折后要运用控制、激励自己的方法和技巧，进行心理调节与控制，尽快摆脱不良情绪，重新树立起信心。建议参加一些有意义的娱乐活动，换换环境，放松一下自己；向亲人和朋友倾诉苦衷，合理宣泄，听取他们的劝告。这样可以得到较快的恢复。

思考题

（1）大学生求职择业过程中存在哪些心理误区？应以何种心态面对严峻的就业形势？

（2）你的理想职业是什么？认真思考一下，你打算应聘什么样的职位，以及应聘此职位时你的个人优势有哪些？请你为自己设计一份求职简历。

（3）你是怎样看待求职训练的？结合本章的内容，有什么启发？

（4）结合你的体会，谈谈大学期间为获得面试成功、求职成功，应该做好哪些准备？

PART SEVEN
第七章　大学生职业适应与创业心理

教学目标

（1）了解如何解决刚入职时的心理问题。
（2）了解职场中的压力以及应对策略。
（3）了解大学生创业指导的含义及对策。
（4）学习如何对自身进行创业心理的指导。

第一节　大学生职业适应

刚进入职场的大学生都会遇到职业适应的问题，遇到种种压力甚至挫折，需要做好充分的心理准备，应对这些挑战。

一、职场中的压力

（一）工作压力的相关概念

1. 工作压力的定义

工作压力是指在工作环境中，由于工作本身的要求、个人对工作的期望、工作环境中的人际关系、职业发展等因素，对个体产生的生理、心理和行为上的紧张状态。这种紧张状态源于个体感知到的需求与自身能力、资源或应对机制之间的不匹配。

2. 一般适应综合征和压力适应综合征

一般适应综合征（General Adaptation Syndrome，简称 GAS）是加拿大心理学家汉斯·薛利（Hans Selye）于 20 世纪 30 年代提出的一个概念，用于描述人体对压力的短期和长期反应，是指有机体在面临各种紧张刺激时，所表现出的一系列非特异性的适应性反应。这些反应旨在帮助有机体应对压力，恢复或维持其生理和心理的平衡状态。一些大学生在求职过程中，往往会出现一般适应综合征。

压力适应综合征是机体自稳态受威胁、扰乱后出现的一系列生理和行为的适应性反应。它包括三个连续的生理反应阶段：第一阶段为警戒阶段（Alarm Stage）：当有机体首次遭遇压力源时，会立即进入警戒阶段。此时，机体会出现一系列生理唤醒反应，如心率加快、血压升高、呼吸加速等，以便迅速应对潜在的威胁。在这一阶段，有机体能够有效行动并做好准备，以应对即将到来的挑战。第二阶段为抵抗阶段（Resistance Stage）：如果压力源持续存在，有机体会进入抵抗阶段。在这一阶段，机体会调动各种资源来应对压力，包括调整内分泌系统、增强免疫系统、提高代谢率等。机体能够忍耐并抵抗长时间的应激源带来的衰弱效应，努力维持其生理和心理的平衡状态。第三阶段为疲惫阶段（Exhaustion Stage）：如果压力源持续时间长或强度大，有机体会逐渐耗尽其应对资源，进入疲惫阶段。此时，机体会出现一系列生理和心理的疲劳症状，如体力下降、免疫力下降、情绪低落等。在这一阶段，有机体难以继续有效应对压力，需要采取适当的措施来恢复其生理和心理的平衡状态。

如果人们在职业竞争中长期、反复地忍受较强的压力，以致超出机体能够承受的极限，就会对机体造成病理性损伤，出现诸如失眠、疲劳乏力、食欲不振、烦躁不安、记忆力减退、精神难以集中等症状。这便是压力反应导致了内分泌、免疫功能失常，也就是罹患了压力适应综合征。

（二）工作压力及分类

1. 工作压力倒 U 型曲线

工作压力倒 U 型曲线用于描述工作压力与工作绩效之间的关系。倒 U 型曲线呈现出一种先上升后下降的趋势。在曲线的左侧，随着工作压力的增加，个体的工作绩效也逐渐提高。这是因为适度的压力可以激发个体的动力、注意力和创造力，使个体更加专注和努力地完成工作任务，从而提高工作效率和质量。但当工作压力超过一定限度后，曲线开始下降，工作绩效反而会逐渐降低。因为过高的压力会导致个体出现焦虑、紧张、疲劳等负面情绪和生理反应，从而干扰认知过程，影响决策能力和工作表现。（如图 7-1 所示）

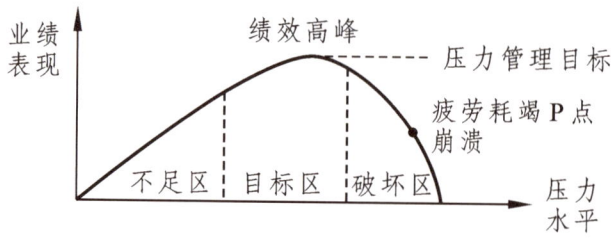

图 7-1　工作压力倒 U 型曲线

在压力较低阶段（不足区），当个体处于工作压力较低的状态时，他们可能缺乏足够的动力去全身心投入工作，容易出现注意力不集中、工作效率低下等问题。例如，在一些工作任务非常轻松、没有任何挑战的岗位上，员工可能会感到无聊和缺乏成就感，工作绩效也难以提升。

在适度压力阶段（目标区），随着压力的逐渐增加，个体进入适度压力区域，此时他们的工作绩效达到最佳状态。适度的压力能够促使个体发挥出自己的潜力，积极应对工作中的各种挑战，提高工作的质量和效率。例如，在面临重要项目的截止日期或有一定难度的工作任务时，员工会感受到压力，但这种压力会激发他们的斗志，促使他们更加高效地完成工作。

在压力过高阶段（破坏区），当压力进一步增大，超过了个体能够承受的范围，就会对工作绩效产生负面影响。过高的压力可能导致个体出现心理和生理上的不适，如失眠、焦虑、头痛等，这些问题会分散个体的注意力，使其难以集中精力处理工作，甚至可能出现失误和错误。例如，一些员工在面临多个高强度任务且时间紧迫的情况下，可能会感到不堪重负，工作质量下降，甚至出现拖延或逃避的行为。

对于大学生来说，了解工作压力倒 U 型曲线有助于他们认识到自身的压力承受能力，学会在职业中合理调节压力。当感觉压力不足时，可以主动给自己设定一些目标和挑战，激发工作动力；而当压力过大时，则需要采取适当的减压措施，如进行体育锻炼、放松身心、合理安排工作时间等，以保持良好的工作状态和绩效。对于组织管理者而言，了解工作压力倒 U 型曲线可以提醒他们通过合理分配工作任务、提供必要的资源和支持、建立良好的工作环境等方式，帮助员工将压力水平调整到适度的范围，以提高工作绩效和工作满意度，促进组织的整体发展。

2. 工作压力分类

1）良性压力

良性压力是指积极的、令人满意的、具有挑战性的压力，这种压力体验符合人们的期望，能够在一定程度上唤醒个体，促使其动用各种心理资源，应对来自身体内外的环境的挑战。

2）不良压力

不良压力是指导致个体不愉快的破坏性的压力，这种压力是不为个体所欢迎的，是人们力图避免的一种体验。一般在不说明的情况下，压力主要是指不良压力。

（三）压力源

1. 压力源

（1）心理性压力源：能引起个体强烈地感到自己的能力不能胜任的心理冲突。

（2）躯体性压力源：能使个体强烈地感到给生命或健康带来危险的刺激因素。

（3）社会性压力源：能使个体强烈地感到社会性活动受到影响的社会性刺激因素。

2. 工作压力源

工作压力源是指在工作过程中对工作者的工作适应、紧张状态产生影响的各种刺激因素，包括工作本身及与工作相关的因素，如工作负荷、工作条件、工作环境、人际关系等。工作压力源可分为三类：

（1）外在环境因素：包含经济不确定、政治不确定和技术不确定。

（2）组织因素：包含任务要求、角色需求、人际关系要求、组织结构、组织领导和组织生命周期。

（3）个人因素：包含家庭问题、经济问题及个人风格。

二、职业适应

（一）职业适应的定义及阶段

1. 职业适应的定义

职业适应指个人在职业活动中，对工作及其环境所产生的种种刺激作出协调的反应，使个人的知识、能力、兴趣和性格特征与其正从事或将选择的工作相互适合的状态。具体来说，职业适应是个体在职业环境中不断调整自己的态度、行为和能力，以更好地融入工作环境、满足职业要求，并最终实现个人职业目标的过程。它涉及对职业角色的认知、对职业规范的学习、对职业技能的掌握，以及对职业文化的融入等多个方面。职业适应不仅仅要求个人具备基本的职业素养和技能，更要求个人能够持续学习、灵活应变，以适应不断变化的职业环境。职业适应度高，既表明个人的知识、技能和态度能够与工作及其环境相协调，又表明职业性质、类型和工作条件与个人需要、价值目标等相融合，能引起个体心理上的满足。

2. 职业适应的三个阶段

1）第一阶段：角色认知与适应期

在这一阶段，个体刚进入新环境，面临着从外部观察者到内部参与者的角色转变。他们需要快速了解企业文化、工作流程、团队结构以及自己的工作职责和期望。此时，个体可能会感到迷茫、不安甚至焦虑，因为一切都还是陌生的。为了尽快适应新环境，他们需要主动与同事交流，学习公司的规章制度，明确自己的角色定位，并开始尝试完成工作任务。这一阶段的重点是建立对工作的基本认知，形成初步的工作习惯和行为模式。

2）第二阶段：技能提升与融入期

随着对工作的逐渐熟悉，个体开始进入技能提升阶段。他们需要不断学习新知识、新技能，以提高自己的专业能力，满足职业发展的需求。这包括专业知识的深入学习、实践操作技能的提升、问题解决能力的培养以及时间管理和工作效率的提高等方面。同时，个体还需要积极融入团队，建立良好的人际关系，与同事建立互信，共同完成任务。这一阶段的重点是提升个人能力和融入团队文化，为职业发展奠定坚实基础。

3）第三阶段：心态调整与持续发展期

在职业适应的后期，个体开始进入心态调整与持续发展阶段。他们需要根据职业环境的变化，不断调整自己的心态和行为，以适应新的挑战和机遇。这包括积极面对挑战、寻求自我激励、进行职业规划与目标设定等方面。同时，个体还需要保持持续学习的态度，不断提升自己的职业技能和综合素质，为职业发展创造更多机会。此外，建立广泛的人脉关系也是这一阶段的重要内容，通过参加行业活动、社交场合等，可以拓展人脉资源，为职业发展提供更多的可能性。

（二）职业适应不良的因素

1. 预期与实际不符

人们在入职前往往对职业有自己的预期，如工作稳定、人际关系单纯等，但时代发展迅速，职业变化越来越快，实际工作并不像他们预期的那样，甚至有许多东西是始料未及的，很多情况也不完全按照他们的期望进行。如期望能获得一定的工作自主权，却发现处处受别人支配；期望能大展拳脚，却发现自己的工作不断受上司批评……面对这种预期和实际的不符，人往往会产生一种失落感，感到处处不如意、不顺心。

2. 角色转换有冲突

选择或变动职业都涉及职业角色转换的问题。然而，一个人原有的行为方式和观念会形成一种心理定式，在新的环境下发挥"惯性作用"。于是，在对新角色产生认同感之前，这种新旧角色的差异很容易引发角色冲突，搅乱人的心境，引起思想波动，从而产生不适应感。

3. 付出和收获不平衡

新入职的人往往会表现出一种非常积极、充满激情的工作心态，希望自己能尽快脱颖而出，走上管理层。如果急于求成，幻想在短时间内各方面都做到最优秀，并期望上司尽快给予重要岗位，那么当短期内的努力未及时获得认可或回报时，就容易陷入挫折与失落，认为上司不重视自己，或认为组织在人才管理上存在问题。

4. 变化太快，与计划不符

现代社会瞬息万变，在科学技术迅速发展的今天，知识更新的速度非常快；现代社会的人才观、价值观也改变了，很多过去的传统美德现在可能成了"僵化""保守"的代名词。这些变化使得人们在成长的过程中为了就业而准备的各种知识、技能、价值观等，可能到了就业的时候都变得不适用了，从而开始经历转型、蜕变的困惑和痛苦，产生不适应感。

5. 人际关系微妙

组织中的人际关系是人人都要面对的，稍有不慎就会引发各种各样的烦恼。很多人选择离开现在的职位，都是因为人际关系处理不当，无法融入团队。

（三）提高职业适应性的途径

1. 尽快融入职场，适应角色

大学生与职业人承担的责任不同，面对的环境不同，人际关系不同，文化环境不同，承担的角色也存在着诸多差异。顺利实现从大学生到职业人的转变，就要在生理和心理上主动调适。在生理上要注意保持规律的生活作息；在心理上要做好吃苦准备，自信独立，学会适应艰苦、紧张而又有节奏的基层生活。此外，要尽快熟悉工作环境。了解工作环境能使人减少陌生感，主动去适应工作的各种要求，而不是被动地等待指派和安排。同时，要尽快明确工作职责，对工作需要做到尽快上手，不懂就问。

与同事建立和谐的人际关系是大学生融入职场的关键。良好的人际关系会缩短职业适应期，减少工作难度和心理负担。要做到这一点，首先要留下良好的第一印象。第一印象往往是难以磨灭的，它能形成一种定式，在以后相当长的时间里影响别人对自己的印象。其次要处理好与上司的关系，对于不同领导风格的上司，需要讲究不同的方法和态度。

2. 专注目标

提高职业适应性的关键途径之一在于专注目标。在职场的长河中，一个清晰而坚定的职业目标如同灯塔，能够指引我们穿越迷雾，抵达成功的彼岸。专注目标意味着深入剖析自我，明确自己的职业愿景和长期规划，并在此基础上设定短期、中期及长期的具体目标。这些目标不仅应具体、可衡量，而且应与我们的职业发展方向紧密相连，并设定明确的截止日期。通过专注于这些目标，我们能够更加聚焦于核心任务，避免精力的分散和浪费。同时，专注目标还促使我们不断自我激励，即使在面对挑战和困难时，也能保持前进的动力和韧性。在追求目标的过程中，不断积累经验、提升技能，逐步增强自身的职业竞争力，从而更加从容地应对职场的变化和挑战，实现个人职业发展的持续进步与突破。

3. 调整期望值，以免过高

提高职业适应性的途径之一在于调整期望值，以避免期望值过高所带来的负面影响。在职场中，每个人对自己的职业发展都有着一定的期望和憧憬，这是推动我们不断前进的动力。然而，如果期望值过高，一旦现实与期望产生较大差距，就可能导致失落感、挫败感，甚至影响工作积极性和职业满意度。因此，调整期望值，使之更加符合实际情况和个人能力，是提高职业适应性的重要策略。通过合理设定期望值，我们能够更加理性地看待职场中的机遇与挑战，更加平和地面对成功与失败，从而保持积极向上的心态，增强对职场环境的适应能力和应对能力。同时，调整期望值也促使我们不断反思和自我评估，明确自身的优势和不足，进而有针对性地制定职业发展规划，为未来的职业发展奠定坚实的基础。

4. 持续学习与技能提升

职场环境如同一片浩瀚的海洋，波涛汹涌，技术更新迭代的速度更是令人目不暇接。在这样的背景下，持续学习新知识、新技能成为我们保持竞争力的关键所在。因此，我们不能固步自封，满足于现有的知识水平和技能储备。为了紧跟职场的步伐，我们可以积极参加各种在线课程，帮助我们系统地提升专业素养。此外，研讨会和工作坊也是拓宽知识视野的好去处，它们不仅能够提供最新的行业资讯，而且可以提供与同行交流的平台，让我们在思想的碰撞中激发新的灵感。当然，获取相关证书也是证明自己实力的一种方式，它们如同职场上的通行证。

5. 增强沟通与协作能力

良好的沟通是职场成功的基石。学会有效倾听是沟通的第一步，它要求我们全神贯注地听取对方的意见，理解对方的需求，这是建立信任的基础。而清晰表达则是沟通的另一重要环节，它要求我们用简洁明了的语言阐述自己的观点，避免产生误解和歧义。除此之外，非语言沟通的技巧也不容忽视，如肢体语言、面部表情等，它们都在无形中传递着我们的信息和态度。在团队合作中，我们要学会发挥自己的优势，为团队贡献自己的力量，同时也要尊重和支持他人，形成互补互助的良好氛围。

6. 建立职业网络

在快速变化的职场环境中，建立广泛而深厚的职业网络是提升职业适应性的重要基石。与同事、行业专家及导师建立稳固的联系是拓展职业人脉的起点。通过日常的交流与合作，不仅能增进彼此的了解与信任，而且能从他们身上汲取宝贵的经验和智慧。此外，积极参与行业协会、专业社交活动及行业会议，也是拓展职业网络的有效途径。在这些场合中，我们能够接触到来自不同领域、不同背景的精英人士，了解行业的最新动态和趋势，从而为自己的职业发展开拓更多的可能性。

7. 时间管理与压力应对

在快节奏、高压力的职场生活中，有效的时间管理和压力应对机制是提高职业适应性的关键。掌握时间管理技巧，如优先级排序、任务分解与合理分配时间，能够帮助我们高效处理繁重的工作任务，避免拖延和效率低下。通过合理规划每日、每周乃至每月的工作计划，我们能够确保重要任务得到优先处理，同时留出足够的时间进行反思、学习和自我提升。此外，面对职场压力，学会识别、评估并有效管理它们同样至关重要。通过运动、冥想、休息以及与亲朋好友的交流，我们能够缓解压力带来的负面影响，保持身心健康。更重要的是，培养积极的心态和应对策略，如乐观面对挑战、寻求支持与合作，能够让我们在压力面前更加从容不迫，持续提升职业适应能力。

8. 自我认知与职业规划

自我认知是职业规划的起点，也是提高职业适应性的内在动力。深入了解自己的兴趣、价值观、优势和劣势，有助于我们明确自己的职业定位和发展方向。通过自我反思、职业测评及与他人的交流反馈，我们能够更加清晰地认识自己，发现自身的潜力和不足。在此基础上，制定切实可行的职业规划，包括短期和长期目标，以及实现这些目标的具体策略，显得尤为重要。职业规划不仅为我们提供了明确的发展路径，而且激励我们不断学习和成长，提升职业素养和竞争力。同时，职场环境的变化和个人发展需要我们定期审视和调整职业规划，确保其始终与自身发展目标和市场需求保持同步。

三、职场新人的职业素养

（一）职业道德

1. 诚实守信

这是最基本的职业道德准则。在职场中，无论是汇报工作成果、与同事合作，还是与客户沟通，都要做到实事求是，不夸大成绩，不隐瞒问题。对承诺的事情要坚决履行，若因特殊情况无法完成，需提前与相关人员沟通说明，切不可失信于人。

2. 保守机密

遵守公司的保密规定，不泄露公司机密和客户信息。新人要强化保密意识，不随意将公司内部资料、信息透露给外部人员，即使是在与亲朋好友交流时，也要注意避免谈及工作机密。

3. 尊重他人

尊重同事、上级和下属，建立良好的人际关系。

4. 遵纪守法

遵守国家法律法规和公司规章制度，不能有违法违纪行为。

（二）职业态度

1. 责任心强

对待工作要充满责任感，无论任务大小，都要全力以赴。尽职尽责，对自己的工作负责，确保工作质量符合标准。主动担当，面对困难时，能够主动承担责任，寻找解决方案。诚信为本，保持诚信，不撒谎、不欺瞒，树立良好的职业形象。对自己负责的工作环节要主动跟进，确保不出差错。

2. 积极主动

主动寻找工作任务，而不是被动等待上级安排。积极关注公司业务动态，当发现有可以改进的地方或有新的工作机会时，主动向上级提出想法和建议。例如，在职责范围内的部分工作事项的执行效果未达预期，新人可以主动收集相关资料，分析原因，并提出优化方案供领导参考。

3. 团队合作精神

职场中大多数工作都需要团队协作完成。新人要学会与团队成员相互配合，发挥自己的优势，同时也要支持他人的工作。在团队讨论中，积极分享自己的想法和经验，为团队出谋划策，共同解决问题。例如在软件开发项目中，程序员、测试员、产品经理等不同岗位的人员需要紧密合作，新人要积极融入团队，为项目的成功贡献力量。

（三）职业能力

1. 学习能力

职场环境变化迅速，新的知识、技能和理念不断涌现。新人要保持强烈的学习欲望，快速掌握工作所需的新知识和技能。

2. 专业能力

第一，扎实掌握与岗位相关的专业知识，迅速上手工作；第二，坚持持续学习，保持对新知识、新技能的好奇心和学习欲望，不断提升自己的专业能力；第三，提高问题解决能力，面对问题时，能够冷静分析、寻找解决方案，并有效地执行。

3. 沟通能力

良好的沟通能力有助于准确传达信息。第一，做到清晰表达，能够准确、简洁地表达自己的观点和想法，避免误解；第二，学会倾听，善于倾听他人的意见和建议，尊重他人的观点，促进有效沟通；第三，团队合作，积极参与团队讨论，与同事建立良好的合作关系，共同完成任务。

4. 时间管理能力

合理安排工作时间，确保各项任务按时完成。第一，制订合理、明确的工作计划，合理分配时间，确保任务按时完成；第二，对任务进行科学的优先级排序，根据任务的紧急程度和重要性进行排序，优先处理重要且紧急的任务；第三，避免拖延，坚决克服拖延习惯，提高工作效率；第四，细化分解复杂任务，学会制订工作计划，将复杂的任务分解为具体的小目标，并为每个目标分配合理的时间；第五，灵活应对突发情况，遇到突发情况时，应灵活调整工作计划。

5. 自我管理能力

第一，保持对情绪的良好控制，保持冷静、理智，避免情绪化影响工作；第二，注意压力管理，学会应对工作压力，保持积极的心态；第三，健康生活，保持健康的生活方式，包括合理饮食、适量运动和充足睡眠。

第二节　大学生创业心理品质的培育

一、大学生创业心理品质培育概述

（一）大学生创业心理品质相关概念

1. 心理品质

心理品质是指由认知、情感、意志、个性等相互联系，在一个人的精神层面形成的一种稳定的心理特征，并且对人的心理和实践活动起指导作用。

2. 创业心理品质

创业心理品质是个体在环境和教育的影响下形成与发展起来的综合心理素质，是在创业实践活动中对个人心理和行为起调节作用的、稳定的个性心理特征，主要包括创业意识、创业意志、创业能力、创业个性四个方面。

3. 大学生创业心理品质

大学生创业心理品质是大学生在成长的过程中，在环境、教育的影响与自身的作为的交互作用下，逐渐形成的一种稳定的个性心理特征，并会在创业活动中持续表现出来。在积极心理学的理念指导下，需发挥高校的主导力量，并整合社会、家庭和个人的力量等各种有效力量，使大学生形成积极创业的心理品质。其主要培育内容包括积极的创业意识、顽强的创业意志、良好的创业能力、独特的创业个性四个方面。

（二）大学生创业心理品质培育的内容

1. 创业意识

创业意识从字面理解为创业者对于创业方面的意愿和认识。创业意识是创业主体的一种期望和执着于创业活动的个性心理倾向，包括需要、动机、兴趣、思想、信念和世界观等心理成分。创业意识并不是先天就具有的，它是创业者在熟练掌握创业知识并积累一定的实践经验后形成的强烈的创业欲望。创业意识从宏观角度上分为创业自我意识和社会意识，创业自我意识主要强调实现自我价值，而创业社会意识更多强调社会责任感。创业意识从微观角度可以分为风险意识、诚信意识、市场意识和团队意识。大学生一旦形成积极创业意识，就会产生强大的内在动力，发掘创业者的创业潜能，最终帮助大学生成功创业，实现创业梦。

2. 创业意志

意志是人类所特有的一种心理现象，它是一个人为达到目而形成的一种稳定、持续的心理状态。而创业意志是指创业主体决定要实现创业目标，努力控制和调节自己的心态，并独立解决创业道路上的困难，为实现创业梦而形成一种持续的、稳定的心理状态。创业意志一般表现为：顽强拼搏、乐于进取、自立自强、坚韧不拔等。创业意志对创业活动起调节作用，一方面，发动或强化为达到创业目的所必需的行动；另一方面，制止或削弱与预定创业目标相矛盾的行动。在创业这条道路上，遇到困难是在所难免的，要想成功就必须依靠自身的顽强意志力，克服各种艰难险阻。所以积极的创业意志是成功创业、实现创业梦的重要保证。

3. 创业能力

创业能力是指创业者综合所学的知识、丰富的经验以及掌握的技能，去开发、创造一个新的研究领域或创造性的事物的能力，并在创业的过程中表现出持续的、稳定的心理过程。创业能力主要包括以下几方面：产生新思路和新思想的能力、经营管理能力、与他人合作相处的能力、决断能力、自学能力等。良好的创业能力能够提升大学生创业的底气，对大学生成功创业至关重要。

4. 创业个性

创业个性是在生理素质的基础上，创业个体在所接受的教育和社会实践活动的影响下，形成的一种稳定的心理品质。独特的创业个性主要表现为以下几个方面：第一，冒险精神，又称为"勇气"。心理学家伯格哈特·安德烈斯认为它是影响人格的第六大因素。具有冒险精神的人在创业的道路上对任何事情都不会感到恐惧，即使遇到困难他们也会充满信心地主动去接受挑战，勇往直前。第二，创新精神。创新精神是一种敢于抛弃原有的旧的思想或事物、创立新思想和事物的精神。具有创新精神的人不断寻求自身的突破创新，以此来提升自己的竞争力。第三，较强的责任感。想要成为一名成功的创业者，不仅仅要做好分内之事，更需要具备对社会集体的责任感。具有社会责任感的创业者会勇往直前、不畏艰险，并在创业过程中感受到自身存在的价值与意义。

（三）大学生创业心理品质培育的意义

1. 利于丰富创业教育的内容

大学生在创业时，更多面临的是心理品质方面的较量。所以对于创业者而言，仅仅掌握丰富的创业知识和理论是不够的，应该具备积极创业心理品质，更多地关注创业心理品质方面的内容。高校在进行大学生创业教育的基础上，应该融合积极心理学的教育理念和方法。这样不仅使大学生在创业的道路上积极地面对困难，迎接挑战，实现自己的创业梦想，而且也帮助大学实现自身价值，提高自身主观幸福感。

2. 利于提升大学生创业教育的效果

创业心理品质培育作为创业教育的重要内容，不只是单纯地传授大学生有关创业的知识和能力，还包括创新意识和创业心理品质的培育。高校要增强和巩固创业教育的效果，就必须把创业心理教育贯穿于创业教育的各个阶段。在课程教育中，教师应利用灵活多变的教育形式，例如，模拟训练等方法，引导更多大学生参加到创业课程和创业实践中，提高大学生的参与度，增强对于创业的理解，激发创业兴趣和热情。在实践教学中，学校应积极组织大学生参加社团活动、竞技运动等团体活动，在"实战"中帮助大学生积累实践经验，培养积极创业心理品质。最后，学校还可以综合多种方式、开辟多条渠道，提升大学生创业心理品质的效果。

3. 利于推动大学生成功创业并缓解就业压力

要想将大学生从潜在创业者顺利转化为实践创业者，最主要的是帮助他们养成良好的创业心理品质，这样大学生就能更加坚定创业梦。因此要针对大学生进行系统、科学、全面的创业心理品质教育，使大学生具有积极创业意识、顽强的创业意志、独特的创业个性等，使更多有创业想法的大学生主动投入创业实践中，实现创业带动就业，缓解就业压力。同时，大学生成功创业能有效地将知识成果转换成生产力，推动社会经济的发展，创造更多的就业机会，达到创业带动就业的目的。

4. 利于提升大学生创业心理品质，实现全面发展

当今社会非常注重人的全面发展。人的全面发展包括：道德高尚、知识丰富、技能突出、人格健全、身体及心理健康，即知、情、意、行相统一。引入积极心理学理论，增加一些积极的思想，这样不仅能够激发大学生以积极、乐观的心态投身于创业活动中，而且能帮助他们在实践中不断激发自我潜能，丰富内心世界，实现个人的全面发展。

二、大学生创业心理品质常见问题

（一）有创业意向大学生的常见问题

由于当前大多数大学生都是独生子女，成长过程中没有经历过大的挫折，因

此，在创业方面部分学生还存在一定的心理障碍。如创业个性心理品质不足，缺乏持之以恒的进取心，容易三心二意、知难而退；缺乏坚定的自律意志，自控力不强，做事情没有耐心，遇到挫折时，不是努力想办法解决，而是轻言放弃；对于国家、社会、家庭等依附心理较重，缺乏独立面对生活、迎接挑战的勇气和信心。

这些因素使得大学生容易出现创业精神不足、热情不高或浅尝辄止。此外，针对创业本身，大多数学生也存在一定的认知偏差。如认为创业风险过大、成功率低，不愿意承担挫折和失败的痛苦；认为创业是找不到工作才走的路，有失面子；认为自己没有创业基因，与创业根本无缘；认为创业要丢掉原来所学专业，不能学以致用等。因此，对于大多数学生来说，创业心理教育的一个很重要的目标就是培养学生独立自主、摆脱依附、尝试付出、收获成长的创业精神，训练其勇于面对挫折、善于自我调节情绪、善于适应各种环境等心理适应能力，锻炼出果断、坚持、勇敢、耐心，培养善于自我约束、自我调节等较强的创业意志品质。同时开设科学系统的创业教育课程，纠正不良的创业认知偏差，形成完善的创业知识能力。

（二）已创业大学生的常见问题

一部分大学生走上了创业之路，但在创业过程中也会遇到许多意想不到的困难和阻力。

大学生创业中遇到的问题有：缺乏创业资金，缺乏必要的实践能力和经营管理经验，缺乏必要的社会关系和人脉，缺乏有效的融资渠道；盲目乐观、对创业道路的艰难缺乏实际的认知；眼高手低、对创业心理期望值过高以及心理承受能力不高，遇到困难容易半途而废，等等。面对这些问题，大学生往往会出现不知所措、悲观沮丧等心理问题。经调查分析，大学生出现的心理问题主要表现在认知、情绪、意志和行为四方面：

1. 认知问题

大学生在认知上，由于对创业本身的认识不足，再加上不能正确地认识和评价自己，从而产生各种心理问题。

许多大学生在面临创业选择时，往往会陷入一种认知偏差，即认为创业与自己所学的专业不匹配。他们担心，如果选择创业，将无法充分发挥自己的专业知识，导致所学无用武之地。这种疑虑往往源于对创业活动的片面理解，认为创业就是开公司、做生意，而忽视了创业其实可以涵盖众多领域，包括技术创新、服务创新、商业模式创新等。因此，他们可能对创业产生排斥心理，错失了将所学知识转化为实际成果的机会。

部分大学生在评估自己的创业能力时，往往表现出过度自卑的心理。他们低估自己的能力，对未来缺乏信心，认为自己无法胜任创业的挑战。这种自我贬抑的心理状态，使得他们宁愿选择安稳的工作，也不愿承担创业的风险和责任。然而，创业本身就是一种挑战和冒险，需要创业者具备足够的勇气和信心。过度自我贬抑只会束缚自己的手脚，限制自己的发展。

一些大学生的创业动机并非出于强烈的创业激情和实现个人价值的愿望，而是出于避免失业的无奈之举。这种动机的偏差，可能导致他们在创业过程中缺乏足够的动力和热情。创业需要创业者具备坚定的信念和持久的毅力，而仅因避免失业而创业的人，往往难以在激烈的市场竞争中坚持下去。因此，对于这部分大学生来说，他们需要重新审视自己的创业动机，明确自己的创业目标和价值追求，以激发自己更大的创业热情和动力。

2. 情绪问题

情绪调控能力的高低是一个人心理素质乃至综合素质高低的重要体现。大凡创业成功者都有较强的情绪调控能力。如果带着情绪工作和生活，人的理智就会降低，更容易冲动。许多大学生在面对自主创业这一重大人生选择时，常常感到焦虑和恐慌。他们担心创业失败带来的后果，如资金损失、声誉受损等，这种对未来的不确定性和恐惧感使得他们的创业意志不坚定。同时，由于缺乏足够的心理适应能力，他们难以有效应对创业过程中可能出现的各种压力和挑战，如市场竞争、资金短缺、团队管理等。这种焦虑和恐慌的情绪状态不仅会影响他们的决策能力，而且可能削弱他们的执行力和创新能力。

对于缺乏社会经验的大学生来说，情感依赖成为他们在创业过程中面临的一大障碍。他们过于依赖他人的意见和支持，缺乏独立面对创业挑战的能力。这种依赖心理使得他们在遇到问题时往往无法自主解决，而是寻求他人的帮助或安慰。然而，在创业这条充满未知和变数的道路上，依赖他人并非长久之计。只有学会独立思考、自主决策，才能在激烈的市场竞争中立于不败之地。

3. 意志问题

已创业大学生的意志问题是影响其创业成功的重要因素之一，具体表现为创业初期的动摇和长期创业中的动力不足等。这些问题的产生与个体心理特质和创业环境等因素密切相关。通过加强心理训练、合理规划创业目标和构建社会支持网络等对策，可以有效提升已创业大学生的意志品质，帮助他们在创业道路上更好地前进。

从个体层面来看，自身抗压能力和心理韧性不足是导致部分已创业大学生出现意志问题的重要原因。许多大学生在创业前缺乏足够的社会经验和挫折经历，心理承受能力相对较弱。当面对创业过程中的各种压力和挑战时，他们难以有效应对，容易出现情绪波动和意志消沉的情况。例如，一些性格较为内向、敏感的大学生，在面对客户的拒绝或合作伙伴的分歧时，更容易产生心理压力，进而影响其意志品质。此外，自我效能感不足也会导致意志问题。自我效能感是指个体对自己是否有能力完成某一行为所进行的推测与判断。部分已创业大学生对自己的创业能力缺乏信心，在遇到困难时，容易产生"我不行""我做不到"的想法，从而放弃努力。相关研究指出，自我效能感低的大学生在创业过程中，更易出现意志动摇的情况。

创业环境的复杂性和不确定性给已创业大学生带来了巨大的压力，进而影响他们的意志。市场竞争激烈、政策法规的变化、技术的快速更新等因素，都可能使创业项目面临诸多风险和挑战。例如，在互联网行业创业的大学生，面临着市场需求快速变化的情况，若不能及时调整策略，就可能导致项目失败，这种不确定性会使他们长期处于焦虑状态，消耗他们大量的心理能量，导致意志薄弱。

社会支持体系的不完善也对已创业大学生的意志产生影响。创业过程中，他们需要来自家庭、学校、社会等多方面的支持。然而，现实中，一些大学生的创业项目得不到家人的理解和支持，缺乏资金和技术方面的帮助，这会使他们感到孤立无援，从而削弱其创业的意志。

4. 行为问题

创业者常出现的行为问题，主要表现为逃避困难、盲目创业与急于求成等。

一些怀揣创业梦想的大学生，在真正要将想法付诸实践时，却常常陷入逃避的困境。他们可能会寻找各种客观理由来为自己的犹豫和退缩找借口，比如资金不足、缺乏经验、市场环境不好等。然而，这些理由往往只是表象，背后更深层次的原因可能是对未知的恐惧、对失败的担忧，或是缺乏足够的决心和勇气。逃避创业不仅会让这些大学生错失宝贵的机会，而且可能让他们在未来的职业生涯中留下遗憾。

在媒体的广泛宣传和社会对创业的热烈追捧下，部分大学生对创业产生了不切实际的幻想。他们可能只看到成功创业者的光鲜亮丽，却忽视了背后的艰辛和努力。这种盲目的乐观使得他们在未经过深思熟虑和市场调研的情况下，就草率地制订创业计划并付诸实施。由于缺乏足够的准备和规划，这些创业项目往往难以持续发展，最终以失败告终。盲目创业不仅浪费了宝贵的时间和资源，而且可能给创业者带来沉重的经济和心理负担。

在创业活动中，一些大学生过于看重结果，忽视了过程的重要性。他们可能期望自己的创业项目能够迅速取得成功，获得高额回报。然而，创业是一个长期、复杂的过程，需要创业者具备足够的耐心和毅力。急于求成的心态往往会导致创业者在决策上过于冒进，忽视潜在的风险和问题。同时，这种心态也可能让创业者忽视对团队的培养和对市场的深入了解，从而影响创业项目的长期发展。因此，对于大学生创业者来说，保持冷静的头脑，注重过程，稳扎稳打，才是走向成功的关键。

三、大学生创业心理品质培育原则

（一）导向性原则

创业目标的多元化要求大学生在创业前明确自己的目标。这些目标可以是实现自我价值、追求成就感、财富积累等。创业过程充满不确定性，大学生易受外界干扰，产生迷茫、动摇等心理。心理品质培育应发挥积极引导作用，帮助学生树立正确创业观念，引导学生认识到创业不仅仅是追求财富，更是实现自我价值、创造社会价值的过程。当学生面对困难想放弃时，辅导老师可通过分享成功创业者的坎坷经历，激励学生勇往直前。同时，引导学生客观看待创业风险，避免盲目乐观或过度恐惧，让他们明白风险与机遇并存，学会在风险中寻找机会，在挫折中积累经验。心理品质培育应帮助大学生理清个人目标，并引导其将创业目标与个人发展、社会需求相结合，确保创业活动的方向性和有效性。

（二）针对性原则

大学生创业群体存在多样化特征，不同专业、性格、创业经历的学生面临的心理问题各异。创业心理品质培育应精准聚焦个体差异。对于理工科专业的学生，可能在商业运作、市场开拓方面缺乏自信，产生焦虑心理，辅导需侧重商业知识普及与市场实践指导，增强其相关能力与信心；而文科专业学生，在技术研发、产品设计等领域可能存在困惑。性格内向的学生，在团队沟通、客户洽谈中易紧张，要着重提升其沟通技巧与人际交往能力。有创业实践经验的学生，可能因过往挫折产生心理阴影，针对这类学生，教师需围绕失败原因剖析与心理重建开展工作，帮助他们重拾信心、汲取经验教训，为下一次创业做好准备。

（三）系统性原则

大学生创业心理品质培育是一个系统工程，涵盖多个方面与阶段。从创业准备期的自我认知、创业动机激发，到创业实施过程中的压力应对、团队协作心理调适，再到创业失败后的心理修复等，都需要系统规划。在心理品质培育内容上，教师应整合心理学、管理学、经济学等多学科知识，为学生提供全面心理支持。例如，通过心理学知识帮助学生调节情绪，运用管理学知识指导团队管理中的心理问题处理，借助经济学知识分析市场风险对心理的影响及应对策略。并且，教师应建立长期跟踪辅导机制，持续关注学生创业过程中的心理变化，及时调整心理品质培育方案，确保效果的持续性与稳定性。

（四）个性化原则

每个大学生的性格、兴趣、能力和需求都不同，因此，在创业心理品质培育过程中应遵循个性化原则。导师应深入了解大学生的个体差异，根据其具体情况制定个性化的方案，以确保心理品质培育的针对性和有效性。

（五）实践性原则

理论知识与实践经验相结合是创业成功的关键。教师在进行心理品质培育时应鼓励大学生积极参与创业实践，通过实习、兼职、创业竞赛等方式积累创业经验，提升创业能力。同时，要引导大学生学会从实践中总结经验教训，不断调整和优化创业策略。

（六）保密性原则

大学生在创业心理品质培育过程中，可能会分享许多个人隐私、创业项目商业机密等敏感信息。辅导老师必须严格遵守保密性原则，为学生营造安全、信任的辅导环境。未经学生同意，不得向任何第三方透露辅导内容，包括学生的问题细节、创业想法与计划等。这不仅仅是职业道德要求，更是建立良好辅导关系的基础。只有学生相信辅导老师能严守秘密，才会毫无保留地倾诉自己的困惑与烦恼，辅导老师才能准确把握学生心理状况，提供有效的辅导。

四、大学生创业心理品质培育的策略

当前，我国的创业教育尚缺乏系统的理论指导，尤其对创业心理品质方面的培育还存在认识不到位、措施不得力的现象，这也是我国大学生创业积极性不高的一个重要原因。创业心理品质与其他具体的创业知识是有区别的，它需要在创业环境中长期熏陶，亲自去体验，并逐渐内化生成自己的感受。具有良好的创业心理品质是大学生能够顺利创业的重要因素，因此要加强对大学生创业心理品质方面的培养。这里可以引进积极心理学的理念和方法，并将其直接作用于创业行为，从而影响大学生创业态度和创业绩效。基于积极心理学的角度，本节从社会、学校、家庭、个人四个方面提出对策，帮助和引领大学生形成积极的创业心理品质。

（一）社会构建积极的组织系统

1. 完善创业政策，增强创业信心

从国家政策方面来看，要不断增强创业的系统性、针对性、长远性，主要从以下三个方面入手：

第一，制定系统的创业政策。政府应该整合大学生创业相关的各种资源，为大学生创业提供更好的服务。第二，增强政策的可操作性。国家在准备出台创业优惠政策前，应该广泛听取各方意见，包括政府工作人员、企业家、高校教师、学生家长以及大学生本人的意见，再权衡各方面因素后制定合理可行的政策。第三，增强政策的长远性。从 2015 年《政府工作报告》提出"大众创业、万众创新"的策略可以推断，未来创业将走向大众化，会有更多大学生投入创业实践。所以政府在制定创业政策时可以考虑将创业政策贯穿于小学到步入社会的各个阶段，增强创业政策的前瞻性和可持续发展性。以上三种提升政府政策有效性的方法，能够解决大学生选择创业的顾虑，让大学生以积极的心态面对创业，促进大学生创业心理品质的形成。

2. 加大大学生创业的支持力度

从企业层面来讲，按照校企联合的建设要求，以及根据供给侧结构性改革的要求，企业作为需求侧，有责任为大学生就业、创业提供平台或服务。企业作为大学生实习、实训基地和未来就业、创业的主战场，要充分认识到针对大学生进行创业教育，不仅是培养未来企业家的有效途径，而且还有利于企业培养出更多具有创业精神和创业技能的优秀大学生，所以企业要加强对大学生创业教育的支持力度，为大学生积极心理品质的形成创造条件。

一方面，要加大物力支持力度。具体有以下三种方式：一是为大学生创业项目的发展提供资金帮助，这样就解决了大学生创业的头等难题，使其对创业更有动力。二是为大学生创业提供风险投资，为大学生创业活动的开展提供帮助，让大学生心里有底，提升他们的创业信心。三是校企合作共同搭建创业平台，为大学生提供更多的实践机会，使其在实践中积累成功的创业经验，这样能够提高大学生对创业的积极情绪体验，并使其以乐观的心态面对创业过程中遇到的困难和挫折。

另一方面，要加大精神支持力度。由于缺少社会实践经验，大学生在创业道路

上很容易失败,针对这一现象企业首先应该肯定大学生的创业能力,并在精神上给予大力支持,激发大学生的创业热情。具体有三种方式:其一,组织具备优秀创业技能的人才担任大学生的"师傅",以便更好地传授创业知识与经验,帮助大学生深入了解创业,增强创业自信心。其二,邀请成功的企业家或者优秀的创业者进入高校,定期开展创业相关的培训和讲座,这样能够给予大学生精神支持,鼓励帮助他们发现自身在创业能力及创业心理品质方面存在的积极因素,鼓励大学生以坚强意志坚持自己的创业道路。其三,企业可以通过建立"创业智囊团"定期进学校帮助大学生解决创业上的困难,根据大学生的实际情况,帮助他们制订创业计划,解决大学生创业能力不足和创业心理准备不足的问题。

3. 营造良好的创业文化氛围

积极的创业文化是鼓励创新,宽容失败,崇尚合作,引导和鼓励人们通过合法劳动和创新追求财富、实现自我,促使创业由个体行为上升到全社会的共同追求。

一是勤俭节约、艰苦奋斗的克己精神,自强不息、百折不挠的坚强品质,多谋果断、推陈出新的创新精神等优秀品质都对培养大学生积极创业心理品质起到推动作用。二是弘扬传统文化中尊重人的主体地位的积极思想。例如,庄子主张精神上的逍遥自在,试图达到一种不需要借助外力而能有所成就的一种逍遥自在的境界,其最大特点在于突出人的主体性,这与积极心理学的价值核心相一致。所以应该加大研究本民族文化特质的研究,从我国传统文化内涵、哲学理念、思维方式等不同方面出发理解创业心理品质,并诠释优秀创业心理品质对社会发展的重要推动作用。

营造积极的创业文化氛围可通过以下两方面来进行:

(1)树立优秀的创业榜样,通过大力宣传他们的优秀事迹,并将创业者具有的优秀创业品质进行重点宣传,营造以创业为荣的舆论氛围,这为培育大学学生创业意识、树立创业理想以及创业心理品质等起到重要的推动作用,使更多的大学生投入创业的活动中,推进创业文化不断深入,培育乐观、积极、创新的文化氛围。

(2)要引领社会舆论导向。社会舆论导向不仅是社会文化的重要组成部分,更是社会价值观的风向标。利用电视、网络、报刊等传播渠道积极倡导创业者以创造财富、肩负社会责任、实现人生价值为自己的目标,对大学生形成积极创业价值观、提高思想道德修养和开拓思维都具有重要的积极促进作用。

4. 加强对大学生创业的技术支持

互联网技术与其他产业的结合,如"互联网+通信"模式下开发的微信、微博、QQ等通信软件,给人们的生活和工作带来诸多便利。因此,推动"互联网+"与大学生自主创业深度融合,构建"互联网+大学生自主创业"模式(如"互联网+零售""互联网+金融"等),有助于大学生借助互联网技术,结合自身创业优势,找准创业兴趣点,提升创业积极性,实现成功创业。

(二)高校强化大学生创业心理品质培育

1. 强化对大学生创业心理品质理念的培育

(1)正确认识创业教育。众所周知,传统教育模式注重传授大学生相关的知识理论,而较少关注实践能力、创新能力的培育。随着社会不断地创新发展,国家越来越重视对大学生进行创业精神和创业实践能力的培养,同时高校也逐渐认识到创业教育的重要性,因而传统的教育理念和教育模式需要进行相应的改变。正确的创业教育观念要求人们,要充分地认识到创业教育不单单是培养大学生成为有钱的老板或知名的企业家,而是要培养大学生具备创业所需要的能力、毅力、意志、个性等优秀心理品质,这样才能帮助他们争取创业成功,实现创业梦。

(2)树立积极的创业教育理念。积极心理学作为一门研究人的积极品质,发掘人的美好品德、积极正向能量的学科,更多关注和发掘人身上潜在的积极力量,并帮助人们以积极的心态去面对生活中发生的各种事情。将积极心理学的思想和理念融合到创业教育中,有利于帮助大学生找到自身在创业方面的积极力量,形成积极创业心理品质。

其一,要秉承积极心理学的教育理念,注重对大学生自身积极力量的发挥,尊重大学生的个性差异、挖掘创业潜能,让大学生能够通过学校教育的力量,形成想创业、自主创业的创业意识,在学习中不断提升自己的创新、创业能力。

其二,要充分发挥学生的主观能动性,体现以人为本的思想,尊重学生的首创精神,帮助大学生发现自身存在的积极因素,建立创业自信心,增强创业意识,挖掘创业潜能。

其三,要注重对大学生积极创业心理品质的培养。这样大学生不仅仅会在日常的生活中表现出对生活充满信心、乐观积极向上的心态,更会在创业的道路上以积极的心态面对困难,以"咬定青山不放松"的精神,坚持自己的创业梦想。

(3)注重大学生的全面发展。教育的目标就是要促进人的全面发展,而优秀的心理品质和健全的人格理应成为人的全面发展的题中之义。因此,高校要顺利实现创业教育目标,帮助大学生成功创业,就要把培养大学生创业素质,特别是创业心理品质,作为大学生创业教育体系的重要内容,也可以针对如何加强大学生创业心理品质进行深入的学术研究。加强对大学生进行创业意识培养、创业技能培训、创业心理品质打造,这样才能促进大学生的全面发展。

2. 完善创业心理品质培育的方法与模式

（1）丰富和发展创业心理品质培育的方法和模式。将积极心理学运用到日常的教学活动中，将创业心理品质培育工作贯穿于教育教学的全过程。

一是采用沉浸体验式培养方法，增强大学生战胜困难的动力，在给学生设定目标和布置任务的时候要考虑适度的原则。当大学生能够通过努力达到目标时，不仅从中会得到成功的体验，而且也会对如何成功有深刻的体会，通过不断训练可以提升大学生克服困难的能力。

二是采用积极预防的培养方法。当大学生学会以乐观的心态去面对创业中可能遇到的挫折时，可以有效地预防焦虑、担忧和害怕等消极心理的产生。因此要根据每个大学生的特点，发掘并培育他们身上的积极因素，增强创新创业的自信心。

三是以教师的人格魅力引导学生。学生都喜欢和善、有爱心、关心学生的教师，同时教师在日常生活和工作中的言行举止都潜移默化地对大学生产生影响。因此要提高高校教师的人格修养，用人格魅力来引导大学生自觉形成积极的人格品质。

四是采用"翻转课堂"的形式，不断改进和丰富教学的新方法。"翻转课堂"主要强调师生互动、生生互动、课上课下互动，即教师在课前布置课堂任务，引导学生在课前相互讨论研究，在课堂上，让学生上台讲课，讲课结束后教师要做出相应的补充和纠正。这样不仅提高了大学生学习的积极性，而且提高了大学生自觉创新的能力。

（2）完善创业心理品质课程教育体系。首先，将创业教育融入专业课教学中。教师可在专业课的教育教学中增加创业教育的相关内容或者开通创业选修课程，引导大学生进行专业型创业，发挥自身专业上的优势，不断寻求创业上的突破，同时注重对大学生创业意识、创业意志、创业个性等创业心理品质方面的培育，为其未来的成功创业打下良好的基础。

其次，把创业教育与大学生心理健康教育相结合。高校应在大学生心理健康教育课程中，向大学生讲授积极心理学方面相关的内容，帮助大学生以积极的心态面对当下和未来的生活，同时还应该在大学生心理健康教育中增加创业心理品质培育方面的内容。将积极心理学相关知识融入大学生创业心理品质培育中，从而激发大学生的创业意识和创业热情，帮助他们形成顽强的创业意志，培养他们独特的创业个性，使其能够认真分析和研究就业和创业形势，积极面对创业过程中可能出现的各种困难。

再次，把创业教育与高校思想政治教育相结合。高校思想政治教育将实现大学生全面发展作为主要目标，因此可以在培育和践行社会主义核心价值观基础上，对大学生进行创业观的教育，帮助大学生树立正确创业观。如在思想政治教育课程中,增加创业教育相关内容,引导大学生树立创业理想,培养大学生形成坚强的创业意志,并主动承担社会责任。此外,发挥高校团委和学生处的作用,在日常的思想教育工作中,通过在宣传栏、讲座中加入针对大学生创业教育方面的内容,加强对大学生积极创业心理品质方面的宣传和教育,增进大学生对创业的理解。

最后,把创业教育与实践教育相结合。高校要想提高大学生创业的积极性,实现创业教育的目标,应该将创业教育与实践教育活动相结合。而对大学生进行创业实践教育可以从以下几方面入手:一是高校可以引导大学生积极创办创新、创业社团。近年来,许多高校成立创业与实践协会、大学生实践培训协会、创思联盟等一系列创新、创业类社团,这能有效地激发大学生创业的积极性。二是成立"创新与实践学院",组织大学生参加校内、校外的各种创业竞赛或创新创业大讲堂。积极引导大学生参与创业交流合作,开阔大学生的眼界,提高他们的创业能力,增强大学生创业的主动性。三是在假期组织大学生开展丰富多彩的社会实践活动。很多学生会在参加社会实践期间产生好的创业想法,而且他们的创新创业意识和实践能力也会得到明显的提高。

(3)营造积极的创业文化氛围。优秀的文化环境可以培育优秀的心理品质和健康的人格。同理,良好的校园文化氛围对培育大学生形成积极创业心理品质具有重要作用。因此高校应该采用多种形式提升创业教育的影响力,增强大学生对于创业的认知,营造以创业为荣的良好校园文化氛围,培养学生敢于冒险和创新的精神,促进大学生以积极心态去面对创业。

从运用培育载体来看,高校在创业教育过程中可利各种载体对大学生进行创业心理品质的培育。一是可以通过组织创业知识讲座、创业竞赛、创业孵化基地等多种形式,有效地规避大学生的创业风险,提升他们的创业热情。二是运用网络载体,建立具有特色、有针对性的网络创业信息平台,采用大学生更加容易接受的方式,进行大学生创业心理品质的培养。三是运用班级文化、寝室文化等,将大学生创业文化与其他校园文化相结合,从而营造出浓厚的校园创业文化氛围,使创业教育深入学校的各个方面,从而培育大学生的优秀创业心理品质。

3. 改善创业心理品质的配套设施

1)加强创业师资队伍的建设

(1)严格选拔优质师资。拓宽选拔渠道,积极引进具有丰富创业经验和创业理论知识的教师。特别关注从海外引进具有先进创业教育理念和实践经验的教师团队。多元化背景吸纳,既要有高校经济、管理等专业的资深教师,凭借深厚理论基础为学生构建创业知识框架,又要积极引入企业界成功创业者、高管,他们实战经验丰富,能分享真实商业案例与实操技巧。学校还应考核教师的全面素养,设置严格考核标准,除专业知识与教学能力,着重考察创业师资的创新思维、创业实践经历与指导能力。可通过试讲、案例分析、模拟指导等环节,评估其能否将复杂创业知识生动传授,能否精准诊断学生创业项目问题并提供有效解决方案。

（2）构建完善培训体系。第一,定期专业培训,定期组织创业师资参加各类专业培训课程,内容紧跟行业前沿趋势,如新兴商业模式、最新创业政策解读等。第二,鼓励教师参加学术研讨会、行业峰会,拓宽视野,更新知识储备。例如,安排教师参加每年一度的全球创业创新大会,了解国际先进创业理念与实践成果。第三,提供实践锻炼机会,为创业师资提供企业挂职锻炼、参与创业项目实践的机会。让教师深入企业一线,参与实际业务运作,积累实战经验,更好地将实践与教学融合。

（3）建立有效激励机制。第一,给予一定的薪酬待遇倾斜。在薪酬体系中对创业师资给予倾斜,设立专项奖励基金,对教学成果突出、指导学生创业项目成效显著的教师给予物质奖励。第二,提供职业发展支持。为创业师资提供更多职业发展机会,如职称评定优先考虑、晋升渠道拓宽等。第三,认可教师在创业教育领域的贡献,激励其持续提升教学水平与指导能力,吸引更多优秀人才投身创业教育事业。

（4）促进师资交流合作。第一,开展校内跨学科交流。在校内搭建创业师资交流平台,鼓励不同学科背景的教师开展跨学科合作。通过联合教学、共同指导学生创业项目等方式,整合多学科资源,为学生提供更全面、多元的创业指导。例如,组织商学院与工学院的教师共同指导科技类创业项目。第二,加强校际与校企合作。加强校际间创业师资的交流互访,分享教学经验与优秀案例。同时,深化校企合作,邀请企业专家参与学校创业课程教学、项目评审,促进师资队伍与企业实际需求的紧密对接。第三,加强产学研合作。鼓励教师参与产学研合作项目,通过实践项目提升创业师资水平。与企业合作,共同构建创业教育实践基地,为教师提供实践机会。

2）加强高校积极心理品质教育师资队伍建设

（1）针对高校教师,尤其是专职的创业教育教师,高校应组织开展积极心理学的学习与培训,打造一支具备积极心理素质和良好创业心理品质的优秀教师队伍,在潜移默化的作用下,方能让培养出的大学生对创业更有信心,创业意志更加坚定。

（2）将大学生创业心理品质培育的工作纳入高校心理教师的日常工作中。定期开展以培育大学生创业心理品质为主题的学术讲座,并渗透积极心理学的理念,帮助大学生发现自身在创业方面存在的积极品质和潜能,促进大学生自主形成创业积极心理品质,进而激发他们的创业热情。

（3）发挥心理咨询机构的作用，可以将高校的专职创业教育教师作为心理咨询机构的成员，使更多的高校教师在教学中渗透积极心理和创业心理品质方面的知识，提升高校心理咨询机构的影响力，并在培育大学生积极创业心理品质方面发挥重要的作用。

3）建立和完善大学生创业心理评估机制

客观评估大学生创业心理状态，并结合实际制定相应的测验量表。这样可以通过得到的测量结果来评估大学生创业心理品质培育的效果，并进行有针对性的创业教育，使大学生具备创业应该具备的优秀创业心理品质。此外，要建立大学生创业心理评估长效机制。对大学生进行长期的、经常性的创业心理评估，这样既能及时发现大学生在创业方面存在的心理问题，进行有针对性的培育，又能发现大学生身上具有的优秀创业心理品质，进行强化培育，使他们能够发挥自身的积极优势，提升创业信心，以达到促进大学生形成积极创业心理品质，实现他们的创业梦想的目的。

4）加大创业教育的投入力度

要想保证创业教育的可持续发展，培养大学生具有优秀的创业心理品质，就要全面保证和落实创业教育的人力、物力和财力的投入。由于学校资金紧张，我国大部分高校针对大学生创业教育的资金有限，而且利用率比较低，学校应该拓展资金渠道，为高校创业教育以及培养大学生创业心理品质提供更多的资金支持，如：设立捐赠席位和创业中心，并以捐赠者的名字命名，从社会上获得更多的资金支持；设立各种基金会，例如教师创业教育研究基金、学生创新创业基金，让更多的教师和大学生投入创业教育的研究和实践中；促进创业项目成果转化，让更多的企业关注高校创业项目，吸引企业家资助高校创业项目的发展。高校应不断拓宽资金渠道，整合自身的各部门资源，发挥自身的优势，为大学生创业提供优质资源和有力保障，构建完善的创业教育体系。

（三）家庭在大学生创业心理品质培育中发挥基础作用

1. 改变传统就业观，加强创业心理品质培育

随着社会经济的快速发展，传统就业观越来越不符合时代发展的要求。父母应该及时改变传统就业观念，加强对创业的重视度，培育子女的创新、创业意识，并着重加强对子女创业心理品质的培育。

第一，父母要转变观念，正确引导子女，培育子女的创业意识。父母要改变"就业是子女未来的唯一选择""子女进入国企、事业单位是未来发展的首要选择"等观念。随着时代的发展，传统的就业观念也要发生相应的改变，父母不应该把子

女找到他们认为"好"的工作作为子女未来成功的唯一标志,而应该把提升子女的综合素质、培养其创业意识和创业精神、实现人生价值作为重要任务。

第二,正确认识创业,根据子女的实际情况,引导子女积极创业。父母应该认识到创业不仅仅代表大学生对于物质财富的追求,更应该认识到大学生在参加创业实践活动的过程中,能够提升他们的创新能力、组织能力、沟通能力和协调能力等综合能力,而且能够帮助大学生发掘自身潜能,实现创业梦想和人生价值。所以当子女选择创业时,父母应该帮助子女分析创业中可能遇到的问题,并与子女共同解决,鼓励子女勇敢面对困难,积极创业,增强子女的创业自信心。

2. 增强创业信心,培养积极乐观的生活态度

一方面,父母要对子女的创业想法给予肯定。当大学生向父母提到创业想法时,父母肯定的回答或一些鼓励的话语能帮助子女提升创业自信心,使大学生在创业这条道路上迈出坚实的一步,走得更有底气。

另一方面,父母要引导大学生对生活中的事情做积极归因。家长要以身作则,把生活中出现的一些不快乐或者消极的事情归因于短暂的、特定的、外在的因素,把积极的行为归因于稳定的、普遍的和内在的因素,营造一种积极的家庭亲密关系。在日常的生活中,将这种积极的归因思想渗透给子女,让子女在良好的家庭环境中养成对事情做积极归因的习惯,促使大学生积极地看待创业,激发大学生创业的积极性,增强其对创业的信心。

3. 改变培养方式构建和谐的家庭关系

改变对子女的培养方式,不应该是简单地针对大学生身上存在的问题进行分析和纠正,而应该通过构建和发展积极家庭环境,让大学生在温馨、和谐的家庭环境中,潜移默化地形成积极的心理品质。营造积极的家庭育人环境,家长要注意以下几点:

(1)对大学生的创业精神要给予充分肯定。父母要以积极的态度对待子女,更多采用理解、支持、鼓励的方式和态度来对待大学生创业,并在大学生创业过程中提供物质和精神支持,使子女获得积极的情绪体验,增强其创业的动力,培育其形成积极的创业心理品质。而不是孩子一提到要创业,就以训斥或者批评等方式否定他们创业的想法。

(2)家长与子女沟通时要以尊重为基本原则。要善于倾听和尊重子女对于创业的观点和想法,给予他们更多的关注和爱心,形成良好的亲子关系,营造出和谐的培育气氛,满足他们获得尊重和爱的需求,在创业道路上与孩子共同成长。

(3)为大学生提供更多的社会交往机会。鼓励子女积极参加集体的社会交往,

提升大学生的团结、沟通和协调等能力。可以利用节假日，同子女出去郊游、走亲访友、参加比赛等，有意识地引导子女接触社会，积累社会经验。为大学生营造一个积极的学习和生活环境，帮助大学生形成积极的创业心理品质，促进大学生积极人格的形成和发展。

（四）大学生加强自身创业心理品质的养成

1. 全面认识自己并建立积极的自我图式

一方面，大学生要学会进行自我反省。内省法指个体通过反省和观察自身言行举止来发现过失的方法。孔子曰："内省不疚，夫何忧何惧？"意思是，当进行自我反省后，没有感到内疚，那么就自然而然地没有忧虑和害怕。荀子说，"君子博学而日参省乎己，则知明而行无过矣"，说明自我反省和自我认识的重要性。而心理学上的内省法也称为自我观察法，就是用自己的知觉去感受和审查自己的内在想法、心理状态和行为活动，以达到认识自我的目的。所以针对大学生创业者而言，应该时刻对自己的创业思想和行为进行自我反省，善于发现自身在创业方面的优点，并进行进一步的强化；也要发现自己在创业品质所欠缺的方面，并通过自己的努力找到符合自身的方法进行改正，自觉形成积极的创业心理品质。

另一方面，大学生要学会构建积极的自我图式。对于创业，有很多大学生采取观望或者抵触的态度，这是由于大学生对于自身和创业习惯用消极的方式去看待，看不到自身在创业方面存在的优势和特长。因此大学生要学会构建积极自我图式，这样大学生不仅对于创业更有信心，而且能够依据自身的优点在创业方面发挥特长，培养自己形成积极的创业心理品质，使自己在创业这条道路上走得更远，直至取得创业的成功。

2. 准确认识创业心理品质，培养积极人格

（1）大学生要准确认识创业。大学生应该把创业作为一种生活方式的选择，通过学校的创业教育和自身的创业实践，不仅能够提升大学生的综合素质，而且能够帮助大学生实现人生价值。所以大学生在日常的生活和学习中要根据创业所需要的创业素质进行有针对性的培养，为在创业道路上取得成功提供重要的心理保障。大学生要正确认识当前的就业形势，认识到创业是实现人生价值和人生追求的方法之一。

（2）大学生要准确认识创业心理品质。根据实际的调查发现，大部分大学生对于创业心理品质没有充分的、更加清晰的认识。这就要求大学生努力学习有关创业心理品质的理论知识，并结合自身的实际情况，发现自身所缺少的心理品质，找到符合自身的创业心理品质的培育方法，自觉帮助自己形成积极的创

业心理品质。

(3)大学生要努力形成积极人格。积极心理学家克里斯·彼得森(Christopher Peterson)和马丁·塞利格曼(Martin Seligman)通过对人的特质的研究,建立起一个完整的人格系统——人格优势的价值实践分类系统(Values in Action,VIA)。大学生在创业的过程中以六大美德(智慧、勇气、仁慈、正义、节制、超越)为学习的标准,既能帮助大学生形成积极的人格特质,又对大学生积极创业心理品质的形成起至关重要的作用。

这六大美德包括:

第一,智慧。大学生可以在日常学习中积极学习理论知识,使自己变得更加渊博,更加具有智慧。

第二,勇气。大学生可以在课余时间积极参加有利于创业的社会实践,增加自己对创业的了解,当自己选择创业时候,就会更有信心,更有勇气去坚持自己的创业之路。

第三,仁慈。大学生应该对自己的父母心存感激,与朋友相处秉承真诚、善良的原则,对老师要心怀敬意,积极地向社会传播正能量。这样大学生在选择创业时,会得到来自家人、老师和朋友的支持,由此对创业更有信心。

第四,正义。大学生在积极参加团体活动时,在团队中应坚持公平待人,维系好团队成员之间的关系,乐群悦己,愿意与团队其他成员共同分享,共同进步。

第五,节制。大学生在日常生活中应注意自己的言行举止,不要自夸自大,要谨言慎行。

第六,超越。超越包括欣赏美丽和卓越、感恩、希望、幽默、灵性等优势。

大学生在创业过程中,可以借鉴这六大美德,努力培养自己形成积极的人格特质和创业心理品质。例如,通过发挥创造力、好奇心和热爱学习的优势,不断提升自己的专业素养和创新能力;通过培养勇敢、恒心和正直的品质,增强面对困难和挑战时的勇气和毅力;通过展现善良、爱和团队合作的精神,建立良好的人际关系和创业团队;通过具备公民精神、公平和领导力的特质,承担社会责任,推动创业项目的可持续发展;通过实践谨慎和自我调控的原则,处理创业过程中的各种复杂情况;通过保持欣赏美丽和卓越、感恩、希望和幽默的心态,提升创业过程中的幸福感和满足感。

3. 克服心理上的缺点,提升自我效能

"人非圣贤,孰能无过",处在青年期的大学生,心理品质正在逐渐转型,心理上存在缺点也是人之常情。所以大学生应该发挥主观能动性,自觉克服心理上的缺点。

第一，要建立自信，大学生在日常的生活和学习中，不应该一遇到困难就退缩，认为自己不行就完全否定自己。对于创业者来说，如果在创业的过程中遭遇困难就选择放弃，那么就很难取得成功。所以大学生迈出成功的第一步，就是充分地相信自己，肯定自己，树立创业自信心。

第二，坚持自己的创业意志。选择创业必然要遇到许多困难，大学生应该直面创业中的挫折，做好迎接挑战的准备，并以积极的心态面对来自工作和生活的压力。即使遭受挫折也要坚持自己的创业意志，不能轻言放弃，要培养自己独立解决创业中遇到困难的能力。

第三，提高自我心理调适能力。大学生在学习、工作中往往遇到没有经历过的事情，容易出现焦躁、冲动、郁闷、失去理智等消极情绪。对于创业者来说，心理调适能力是必备的心理品质，否则他们很难一直坚持自己的创业道路，往往在创业中途就会选择放弃。因此，大学生创业者在遇到问题时，首先要冷静思考，根据自己掌握的知识和能力，尽可能地找到有效的解决方法，依靠自身的力量去解决问题，锻炼自己心理适应能力，从而锻炼优秀的创业心理品质。

第三节 大学生创业教育指导与心理辅导

一、大学生创业教育指导概述

（一）大学生创业教育指导的定义和特点

1. 大学生创业教育指导的定义

大学生创业教育指导是整合社会、学校、家庭等资源，运用媒体宣传、课堂教学、实践模拟、网络传播、环境熏陶等手段，对受教育者传授创业所需的知识与技能，培养其成功创业必备的意识、动机、价值观、性格特征、意志品质等心理素质的教育活动，是以能力而非学历为导向的教育，是大学创新教育的深化。因此，创业教育指导是一种有目的、有计划的教育行为，是一种需要有完整体系作支撑的创新性教育。它具有独特的内涵和特征。

2. 大学生创业教育的指导的内涵

1）理念与目标

大学生创业教育指导首先是一种教育理念与目标的体现。它不仅仅局限于传授创业相关的理论知识，更强调通过教育过程激发学生的内在潜能，培养他们的创新思维和解决问题的能力。这种教育理念强调以学生为中心，注重个性化发展，鼓励学生在创业实践中不断探索、学习和成长。其目标是培养具有创新精神、实践能力和社会责任感的高素质创业人才，以满足社会对创新创业型人才的需求。

2）教育内容

在教育内容方面，大学生创业教育指导涵盖了广泛的领域。它既包括创业基础知识的讲解，如创业管理、财务管理等，又涉及创业实践技能的训练，如商业计划书的撰写、创业项目的策划与实施等。此外，还注重培养学生的团队协作能力、沟通能力和领导力等软技能，这些技能对于创业成功同样至关重要。通过全面而系统的教育内容，大学生创业教育指导为学生提供了从理论到实践的全方位支持。

3）教学方法

在教学方法上，大学生创业教育指导注重理论与实践的结合。除了传统的课堂教学外，它还广泛采用案例分析、模拟创业、创业竞赛等多种教学方法和手段，以激发学生的学习兴趣和积极性。同时，通过与企业的合作与交流，为学生提供实习实训机会，让他们亲身体验创业过程，增强实践能力和市场适应能力。此外，还邀请成功的企业家、创业导师等为学生提供指导和帮助，分享他们的创业经验和心得，为学生树立榜样和信心。

4）个性化指导

大学生创业教育指导还强调个性化指导与服务的提供。由于每个学生的兴趣、能力和背景都不同，因此，在教育过程中需要针对不同学生的需求和特点提供个性化指导和服务。这包括为学生提供个性化的创业规划、创业咨询和创业资源对接等服务，帮助他们解决在创业过程中遇到的各种问题和困难。通过个性化指导与服务，大学生创业教育指导能够更好地满足学生的需求，促进他们的全面发展和成长。

3. 大学生创业教育指导的特点

1）创新性

创新性主要体现在大学生创业教育指导是以培养学生的创新素质以及创新能力等独特个性为目的的。这就意味着其不能照搬以往教育的理念和方法，而必须从学生的实际出发，因材施教，因人而异。

2）发展性

发展性体现在两个方面：其一，对于受教育者当前的状态而言，通过接受大学生创业教育指导可以使其的自我潜能得到进一步挖掘，使其能力得到进一步提高。其二，大学生创业教育指导以培养学生的创新素质为首要任务，这种素质对于受教育个体是终身受用的。接受了大学生创业教育指导的学生，不一定毕业以后就能立即创业，但因为自身具备开拓创新的素质，一方面可以在工作中更加得心应手，从事广义的创业行为；另一方面，受教育者也可以在若干年后，利用自身的创新素质及前期积累经验创办自己的企业。

3）实践性

实践性主要指大学生创业教育指导的培养目标不仅仅是使受教育者牢记创新思维、创业兴趣、创新方法等精神素养和知识，更要使其将这些东西内化为自身素养，塑造创新行为，并养成习惯。大学生创业教育指导必须与实践模拟锻炼相结合，促使学生将所学知识和技能转化为自身的能力，甚至是锻炼成一种类似本能的能力，如此才达到教育目的。

4）系统性

大学生创业教育指导是一项系统的工程，必须得到社会、学校、家庭的全面配合。不仅要在学校层面，而且需要从课堂教学、实践锻炼、校园文化熏陶、组织管理制度保障等方面进行全面协调。

5）发展性

大学生创业教育指导培养的是学生的开拓创新精神等独特的个性品质与素养，要培养的人才规格是不确定的——可以培养真正的创业者，也可以培养创新人才；可以仅仅培养创业者必备的某些意识、精神和技能，也可以是帮助贫困生寻求谋生的手段。同时，这意味着大学生创业教育指导具有一定的风险性。因此，创业教育指导需在一定价值观框架内开展创新，同时及时对教育对象进行观察与引导，即尊重并鼓励具有发展性的积极创新，遏制带有破坏性的消极标新立异。

（二）大学生创业教育指导的内容

1. 创业意识

意识是人类大脑活动的产物，它包括了感觉、感知、思维等各种心理过程的总和。意识不仅仅是对外部世界的认知，更包括对自我存在的认识和觉知。意识的存在使得人类能够进行复杂的思考、情感体验以及有目的的行为。创业意识是指个体在创业过程中表现出的心理倾向和个性特征，它包括创业相关的需要、动机、兴趣、理想、信念、价值观等因素。创业动机是发动、指引和维持创业行为的内驱力，是产生创业行为的前提和基础，直接影响个体是否选择创业。创业兴趣、理想是创业意识的较高层面，其强度与方向影响个体能否成功创业及创业成果的大小。而创业信念和价值观是创业意识的最高层次，它引导一个人的创业方向，指导一个人的创业行为。

创业意识启蒙是这一过程的起点。通过举办讲座、研讨会、创业分享会等形式多样的活动，教育机构能够向学生全面介绍创业的概念、意义和价值。这些活动不仅仅让学生了解到创业是一种创新性的经济活动，更让他们认识到创业对于个人成长、社会进步以及经济发展的重要性。在参与这些活动的过程中，学生的创业兴趣和热情被有效激发，为后续的创业学习和实践奠定了坚实的心理基础。

2. 创业个性心理品质

个性心理特征是指一个人对待周围人和事的比较稳定且独特的个人倾向性。创业的个性心理品质，是指成功创业所必需的个性心理品质，主要包括适应性、理智性、坚韧性、敢为性、独立性和合作性等多种个性心理因素。培养大学生形成独立思考判断、敢于领先创新、敢于冒风险、勇于承担责任的心理品质，培养学生顽强拼搏、战胜挫折、学会理性分析问题、善于适应不同的环境、善于与不同的人合作的心理品质，这些都属于创业心理品质教育的范围。

其中创业精神的塑造则是个性心理品质更深层次的目标。大学生创业教育指导注重培养学生的创新思维、冒险精神、坚韧不拔的毅力和团队合作精神。创新思维是创业的核心驱动力，它鼓励学生打破常规，勇于尝试新的想法和方法。冒险精神则让学生敢于面对创业过程中的不确定性和风险，勇于挑战自我。坚韧不拔的毅力则帮助学生在遇到困难和挫折时能够坚持不懈，不轻易放弃。而团队合作精神则强调在创业过程中，团队成员之间的协作与配合对于项目成功的重要性。

3. 创业知识

创业知识是指创业过程中所用到的各种现有经验和必备知识等，有研究者认为主要包括专业知识、相关知识、经营管理知识和综合性知识。也有研究者根据创业的不同时期对所需知识进行界定，认为在创业的准备期，需要公关、文秘、财务管理等预备知识；在创业初期，需要伙伴选择、市场体验、资源聚集、项目规划、经营学等知识；在企业成长发展时期，需要经营战略与产业先见、企业文化与团队协作精神、组织行为与发展、企业资源计划和核心能力的培养等知识。

4. 创业政策与法规指导

在大学生创业教育指导中，创业政策与法规指导是不可或缺的一部分，它为学生提供了宝贵的政策资源和法律保障。

创业政策解读是帮助学生全面了解国家和地方创业政策的重要环节。通过向学生详细介绍税收优惠、资金扶持、创业培训等方面的政策，教育机构能够让学生充分了解到政府在鼓励和支持大学生创业方面的具体举措。这些政策不仅降低了学生创业的门槛和成本，而且为他们提供了宝贵的资金支持和培训机会。学生可以根据自身情况和政策导向，选择适合自己的创业方向和路径，更好地利用政策资源实现创业梦想。

　　法规知识普及是保障学生创业活动合法合规的关键。创业过程中，学生需要面对各种法律风险和合规问题。因此，普及创业相关的法律法规知识，如公司法、合同法、知识产权法等，对于帮助学生规避法律风险、保护自身权益具有重要意义。教育机构可以通过案例教学、模拟法庭等形式，让学生深入了解法律条款和实际应用，提高他们的法律意识和合规能力。这样，学生在创业过程中就能更加自信地应对各种法律挑战，确保创业活动的顺利进行。

（三）大学生创业教育指导的现状

1. 大学生创业教育指导的实施方法

　　目前，在我国高校中，大学生创业教育指导比较多见的实施方法有：学科教学、实习锻炼、创业大赛模拟实践、创业基地孵化、校园文化氛围熏陶、网络引导等。

　　（1）学科教学。学科教学指主要通过第一课堂的必修课、公共选修课等教学方式对大学生进行创业教育指导。必修课如商学院学生的创业学基础与训练等课程，主要讲述创业相关的知识、技能等。选修课主要是通过面向全校学生开展大学生创业指导、职业生涯规划等相关课程，亦包括各学科任课教师在课堂教学中渗透创新创业思想教育。

　　（2）"第二课堂"活动锻炼。"第二课堂"主要指社会实践、毕业前实习锻炼、创业计划大赛等模拟实践训练活动。前两种方式是每个大学生都必须参加的学习，这些学习有助于促进他们创业思想的萌芽。社会实践是指高校在假期或者某个特定的时间段对学生开展的一种走向社会、体验实际工作、寻找实践经验的实践教学方式。毕业前实习锻炼是高校对于即将毕业的大学生进行的一项实践锻炼教学。一般是学生进入学校联系的定点单位，在与其学业相关的岗位上进行 2 至 3 个月的实地实践锻炼。其间学生基本和正式员工一样，需要熟悉掌握工作的所有环节，最好有所创新和发展。

　　创业计划大赛起源于美国，又称为商业计划大赛。1983 年，美国德克萨斯州立大学奥斯汀分校成功地举办了世界上第一个商业计划竞赛。这一赛事迅速在美国各大高校中普及开来，成为风靡全球高校的重要活动。我国最早的大学生创业大赛是 1998 年的"清华大学生创业计划大赛"，随后，由共青团中央、中国科协、教育部、全国学联和高校所在省（市）人民政府主办，国内著名大学和新闻单位联合发起"挑战杯创业计划大赛"。它是一项具有导向性、示范性和群众性的全国竞赛，被誉为中国大学生科技"奥林匹克"。大赛不仅仅促生"易得方舟""视美乐"等学生企业,更激活学生的创业精神,促进创新型人才的诞生。

(3)创业基地实践孵化。创业基地作为培育和扶持初创企业的重要平台,承担着推动科技成果转化、促进产业升级的重要使命。学校成立创业基地,这个基地对处于萌芽期和发展初期的创业企业提供指导和实践孵化。学校一般会成立创业教育指导的领导小组,并设立专项经费用于创业教育指导的硬件投入和成果孵化工作。有条件的学校会建设专门的创业设计大楼,或者开辟相应的实验室或办公室组建创新创业实践基地;设立专门的创新创业指导单位,并制定完善的管理标准与运营规章制度,实现规范化管理。学校还可围绕学生的创业内容和创业项目,对之进行适当的引导和扶植,促使其快速成长。

(4)校园文化的熏陶。环境能在不知不觉中影响一个人的思想观念和行为。大学生创业教育指导的另一途径就是校园文化的熏陶,包括板报、宣传栏、校园广播、电视台、活动等实体的校园环境及校园文化的建设,也包括网上学生社区、创业微博、创业论坛、网络课程等虚拟网络环境建设与引导。实体环境的建设比较容易做到,虚拟文化氛围的营造则需要更多投入。大学生是前沿信息技术的掌握者,校园网络是大学生各项教育所不容忽视的阵地。网络不仅是创业教育指导的引导平台,而且是大学生创新创业的开发平台。众多大学生通过自己熟练的网络技术和新思维,进行网上电子商务创业。大学生的作用不容忽视,他们不仅仅是众多消费者的主力军,更是创业者的生力军。

2. 大学生创业教育指导实施模式

其一,素质提升模式。这种模式以中国人民大学为代表。这种模式紧密结合学科教育与第二课堂活动锻炼的各自优势,积极鼓励大学生创造性地投身于各种社会实践活动,通过开展相关讲座,举行各种竞赛、活动,形成以专业为依托、以项目和社会为组织形式的"创业教育指导"模式。整体来说,这种模式侧重提升大学生的创业意向,锻炼其创业相关能力,完善创业人格特质,促使其更有效地利用社会支持系统,提升其社会适应能力,从而全方位地提升其综合素质。

其二,技能提升模式。这种模式以北京航空航天大学为代表。该模式以商业化运作为主要特点,通过成立创业园,由教师教授学生募集资金的方法,引导学生了解相关政策法规,协助其争取政策支持、组建管理团队等,为实际创业提供有针对性的支持。学校还专门成立"创业管理培训学院",专门负责与学生创业有关的事务,同时设立 300 万元创业基金,以种子期融资的方式赞助经过评估后有较大发展空间的学生开展创业。目前这种模式已被一些学校效仿。

其三,综合培养模式。早期主要以上海交通大学为代表,目前已发展成为我国最为常见的教育指导模式。这种模式通过学科教育传授学生创业相关知识,培养其创业基本素质。同时，设立相关指导机构（如大学生创业指导中心）与相关创业基金为学生提供创业所需资金、场地以及相关技术咨询和心理辅导。

二、大学生创业教育指导建议

（一）政府层面的促进对策

1. 针对有创业意向的大学生教育的对策

1）营造创业氛围

环境的营造对大学生创业的调动起着至关重要的作用。在营造大学生创业氛围中，政府起着重要作用。

首先，政府可以大力宣传大学生创业的意义，让大学生了解创业既能为社会增加财富、分担政府就业的压力等社会意义，又能挖掘自己的创业潜能、实现自我价值等个人意义，让更多的大学生参与到创业中来。政府利用各种宣传手段强化大学生的创业观念，真正做到"变安贫为求富，变守滩为开拓，变懒散为拼搏，变求助为自强，变保守为争先"，逐步让学生在解放思想、勇于创新、甘冒风险、注重实干的创业文化环境中，培养创业意识，砥砺创业精神，增强创业素质，提升创业能力。

其次，政府可以进一步积极营造有利于大学生创业的良好社会舆论环境，大力弘扬创业精神，倡导创业理念，积极传播"灵活择业，自主创业"的就业新观念，广泛宣传优秀的创业精神，宣传我国优秀企业家的创业经历和致富经验，把他们的创业经验作为大学生创业教育的"活教材"，使每个人都为创业而感动、而思考。

最后，政府可以倡导社会各界广泛包容创业，允许创业失败，对创业者付出的努力和创业精神予以尊重，以"鼓励、支持、引导"的态度激活创业主体，在全社会营造"千方百计想创业，一心一意创大业，齐心协力创成业"的浓厚创业氛围，营造公平和谐的创业环境。

2）激励在校生创业

研究发现，政府大部分的创业政策都是针对毕业以后的大学生的。因此，政府可以在支持毕业大学生创业的同时，兼顾一部分有着好的创业构想的在校大学生。例如，政府可出台相关政策并设立专项基金以激励在校大学生创业。这一方面能让大学生感受到政府的支持，提升创业意向，促使其将创业意向更多转化为实际行动；另一方面，这有助于提高在校创业学生的创业成功率，使其坚持在毕业后继续创业。

2. 针对已创业大学生教育的对策

1）完善大学生创业政策性融资体系

完备的创业信贷体系是美国、德国等西方创业发源地国家大学生创业政府扶持体系的重要支柱，我国地方政府及职能部门可以考虑从大学生创业融资体系的构建入手来推动大学生创业。

第一，完善小额信贷机制，拓宽创业融资渠道。解决大学生创业的配套资金来源问题，是一项紧迫又复杂的系统工程。鉴于目前银行的实际放贷意愿和风险防范需要，不适合推进大学生大额创业信贷。因此可以从小额信贷入手，建立小额贷款担保基金，出台相关政策，加大对大学生初次创业贷款的扶持力度，重点要简化手续，降低贷款门槛。地方政府则可以加强与金融机构的协调，建立政府小额贷款担保基金；出台相关政策，加大对大学生创业项目实体的扶持力度；推进大学生信用贷款制度，探索在高校建立、健全大学生信用测评体系并以之作为小额担保贷款的信用保证，并采用创业小额贷款项目和YBC中国青年创业国际计划大学生创业项目的模式来运作。

第二，建立大学生创业的专项基金。政府可以设立创业基金，通过政策性支持，提供资金支持大学生创业，以利于大学生创业的成功，达到为大学生创业创造良好条件的目的。具体包括：①政府资金支持。建立和完善政策性资金支持体系，建立以地方政府为主体的统筹规划体制，通过比以前更大幅度减免各种各样的税收，来减少大学生初创企业的资金压力。②给予专项资金支持，设立政府出资为主、各方集资为辅的大学生创业种子基金，如天使基金。政府"种子"资金的投入，会或多或少拉动一些社会资金跟进，形成政府资金的"杠杆效应"，从而聚集一定的社会资源，放大整个投资大学生创业的资金规模，为更多大学生创业提供资金支持。③社会资金支持。主要来自风险投资和银行贷款。比如由政府牵头、社会多方出资、面向大学生创业者的风险投资基金。④高校资金支持。利用高校资源和相关企业、个人赞助，给大学生创业提供原始资金支持。比如北京航空航天大学每年设立300万元的创业基金项目，即学校设立创业奖励基金，由政府出资奖励扶持大学生创业。

第三，积极培育和规范大学生创业风险投资市场。大学生创业者的特点决定了他们比其他创业者更需要风险投资的介入和支持。目前，我国风险投资机制还很不发达，资本市场比较落后，创业投资处于起步阶段，融资较为困难。一方面公民信用评价体系不健全，另一方面缺乏针对大学生创业的风险投资基金。在这方面，地方政府可以承担重要角色，引导成立大学生创业风险投资机构，扶持设立面向大学生创业者的风险投资基金，并给这类风险投资基金以税收减免优惠。同时可以考虑以创业者未来企业的财产和个人预期收益作为获得风险投资的抵押担保标的，并帮助大学生向风险投资商推荐项目。例如，对大学生创业者进行风险投资的培训，让大学生了解争取风险投资的技巧；设立公益性大学生创业咨询机构，帮助大学生提高项目的市场适应性；给大学生创业者提供与风险投资接触的机会。

2）贯彻并落实大学生创业政策

当前，我国党和政府高度重视大学生就业创业问题，出台了许多鼓励大学生创业的政策和措施，省级政府在这方面也做了很多工作。但这些政策和措施是否能最终得到落实，则需要地市及县（区）镇地方政府及地方职能部门的积极参与和贯彻。

一方面，很多基层行政单位知道国家对于大学生创业的相关优惠政策，但并不知道如何操作这些规定。在某些地区，已出现了国家对大学生的创业优惠政策无法落到实处的问题。政府不仅仅是政策的制定者，更应该是政策执行的督查者。国家在出台创业优惠政策的同时，可以考虑附上相应的配套措施和实施细则，注意吸收先进地区的好政策、好经验、好做法，并听取大学生的意见，让各地基层政府或部门在执行时，明确如何具体地贯彻执行这些政策。国家的这些优惠政策是否在各地严格执行，是否能取得预期效果，在执行过程中是否还存在一些问题，都需要上级政府部门实时监控，实时调整。此外，需要考虑到它与相关宏观经济政策的协调与配合问题，坚决杜绝"有政策，没细则；有细则，无落实"现象，在狠抓政策落实上下功夫，切实为大学生创业营造良好的创业环境。

另一方面，需要完善大学生创业相关法规制度。建立健全的相关法律法规是大学生创业政策有效贯彻和实施的重要保障。综观我国的法律体系，涉及大学生创业的法律法规很少，散见于《中华人民共和国民法典》《中华人民共和国劳动法》《中华人民共和国公司法》《中华人民共和国中小企业促进法》等法律的相关条款中，还没有发布针对大学生创业的专门法律。地方政府对大学生创业所需的资金支持、创业扶持、技术创新、市场开拓、社会服务等方面的支持由于缺乏法律依据而存在较大的不确定性。因此，以法律的手段提升大学生创业政策的重要性，以法律的形式强化大学生创业政策的执行具有非常重要的意义。

建立健全大学生创业的相关法律法规，首先需要完善现有的包括《中华人民共和国民法典》《中华人民共和国劳动法》《中华人民共和国公司法》等在内的法律法规和实施办法，有针对地对大学生创业提供支持。在此基础上，国家可考虑制定类似于《中华人民共和国大学生创业促进法》的法律法规，从法律的层面进一步提升大学生创业政策的效力，明确指导思想和目标，提出原则与要求，明晰各级政府职能部门权责，规范大学生创业所必需的资金、基地、教育、管理机构等参与因素的运作，以营造良好的大学生创业法治环境。地方政府可依据法律法规，出台相关配套措施和实施方案，优化地方政策环境，在执照办理、房屋租赁、户口迁转、税务优惠、小额贷款等方面，将支持大学生创业政策落到实处。与此同时，高校可以积极做好与社会的对接工作，建立和健全创业教育与培训制度、创业实践与见习制度，缩短大学生创业适应期，完成实现创业的基础储备。

（二）高校层面的促进对策

1. 针对有创业意向的大学生的教育促进对策

1）倡导创业精神，转变传统观念

高校的创业文化对全校学生具有现实的、潜在的和长远的影响，具有较强的辐射功能，对高校创业发展起到一定的引领和示范作用。创业氛围对大学生创业意识的形成和创业能力的提高起到潜移默化的影响。在国外，美国硅谷之所以能够创造一个又一个的奇迹，很大程度与其浓厚的创业文化氛围，特别是与斯坦福大学特殊的教育与学术氛围息息相关。因此，高校可以在大学校园里积极营造有利于学生良好个性发展的氛围，崇尚创业、鼓励创业、以创业为荣，让创业成功者成为大学生心目中的明星。比如宁波大学，可以深入开展海外"宁波帮"文化宣传与研究，培育有宁波大学特色、体现宁波帮精神的创业校园文化。

大学生创业教育是一个复杂的人才培养过程。要坚持"以人为本"，转变教育思想观念中不利于创业人才培养的观念，牢固树立创新教育、创业教育、素质教育、开放教育和个性教育的新型教育理念，重视大学生主体价值的体现，重视大学生能力的培养，重视大学生主观能动性的激发，一切工作以服务学生为宗旨。在普及创业教育的同时，强化创业价值观与社会责任感双向融合教育。

要转变高校学生和教师的观念，突破二者间的界面障碍。第一是要转变学生和教师的观念，树立起既可以就业又可以创业的崭新观念。对于教师来说，学生能否就业不是唯一的目的，培育其创业意识与创业能力同样不容忽视；对于学生而言，考研和就业不再是唯一选择，自主创业也不失是一个理想选择。第二是要加强对于创业教育的认识。创业教育实际上是培养最具有开创性个性的人，培养学生的首创精神、冒险精神、创业能力、独立工作能力以及技术、社交和管理技能。第三是要实现师生在创业教育中的沟通与互动。作为教师，应将培育大学生的创业意识、创业能力和创业人格为目标；应将逆商培养作为创业教育的着力点，切实培养学生在困境面前能拥有良好的思维方式和行为反应习惯。作为学生，应清楚认识到教师只能在相关知识的传授、创业思想的武装和解决学生前期创业准备上给予一定的指导，能否创业成功的关键在于自己。

2）加强人文关怀，提供心理支持

创业之路是一条充满荆棘的艰难之路。在校大学生顶着学业的重负和家庭的反对等多重压力，在他们创业遇到困难时，高校除了给予物质上的支持之外，更多地可以坚持"以人为本"的理念，从人文关怀的角度来关心学生。例如，创业指导中心的教师可建立学校创业大学生的档案资料，定期和创业大学生进行深入沟通，及时了解大学生的思想动态，了解他们创业的困难和需求，为学生排忧解难，给予精神上的支持，更好地促进学生创业。同时，学校可以运用心理学的理论和方法进行调研，分析大学生创业者的心理特点，更好地了解他们的愿望和需求，有针对性地给予心理支持。

2. 针对已创业的大学生的教育促进对策

1）加强创业教育，提升素质内涵

联合国教科文组织于1998年发表的《21世纪的高等教育：展望与行动世界宣言》明确提出：方便毕业生就业，培养创业技能与主动精神，应成为高等教育主要关心的问题；毕业生将越来越不仅仅只是求职者，而首先将成为工作岗位的创造者。高校是大学生创业教育的主渠道和主阵地。高校作为大学生创业教育的实施主体，既是创业教育的规划者、组织者，又是创业教育的具体负责者、实践者。

早在20世纪60年代就已开展创业课程研究的美国，如今也是实施创业教育最为受益的国家。美国95%的财富是由1980年以后受过良好创业教育的革命性"创业一代"创造的，这也从一个侧面说明了创业教育对一个国家的经济发展的贡献率。美国的大学、企业、政府及其他机构在创业教育上已形成了一个开放的、多方互动的权利义务配置结构，内容上具体表现为教学计划和课程结构的体系化、创业竞赛经常化、产学研与新产品开发创业项目一体化。我国创业教育起步较晚，对大学生开展创业教育更为薄弱，而且现行的教育体系存在脱离社会、脱离实际的状况，还没有真正实现从应试教育向素质教育、从就业教育向创业教育的理念转变。大学生创业教育机制上也存在缺失，没有将创业教育积极地渗透到各学科教学之中；绝大多数高校缺乏创业教育的机构、师资、制度等必要条件；高校与企业界联系不够、缺乏社会实业界的支持，等等。因此，我国高校需依据经济社会发展的客观要求，适时调整高等教育培养目标，强化创业教育，完善创业教育培养体系，积极开展创业实践，充分激发大学生的创业潜能，以此提升大学生在面对新兴行业、产业的创建及其催生的新就业岗位时的竞争力。可从以下四方面加强创业教育：

其一，加强大学生创业知识的积累。大学生创业者的知识积累对创业有着重要意义。在竞争激烈的今天，大学生创业单凭一时的热情是不够的，单一的学科背景也显不足。致力于创业的大学生需要广博的知识储备，一专多能的知识结构。从某种意义上说，大学生创业是对多学科知识的综合运用，例如科技、市场营销、企业管理、财务管理、计算机网络、法律政策等。这就要求学生较为系统地学习相关的知识。

高校可以以必修课形式开设与创业密切相关的基础课程，如财务会计、税务、经济法、市场营销、国际贸易理论与实务、国际金融、现代物流管理及电子商务等课程，学生可以结合专业性质灵活选择课程形式。学校应编写相关教材，以创业需要为切合点，包括创业风险、创业心理、创业技巧、创业理论、创业指导等教材。以选修课形式开设网上创业特色课程，例如创业入门、创业技巧、创业资金、创业计划书写作、创业案例分析等。以"第二课堂"形式增加学生的创业知识，例如鼓励学生充分利用图书馆获取相关知识，培养学生善于借助有效的媒体资讯学习创业知识的能力。

其二，提升大学生的创业素质和能力。培养大学生的创业素质和能力，必须丰富大学生创业教育的教学内容体系：①创业意识的养成。创业意识支配着大学生创业者的态度和行为，是创业素质的重要组成部分。培养大学生的创业意识，就应该培养他们积极探索、开拓创新的改革意识，锐意进取、敢为天下先的竞争意识和励精图治、自强不息的奋斗精神。②创业心理品质的教育。创业大学生认为具有以下性格的人更适合创业：外向、乐观、开朗、宽容、大度、豁达、理性、勇敢、冒险、专注、吃苦耐劳。这些性格是可以通过后天的实践不断塑造和完善的。因此，在创业教育中尤其要注意培养大学生的乐观、宽容等心理品质，为他们今后自主创业打下坚实的心理基础。③创业能力的培养。创业大学生认为具有以下能力的人更适合创业：人际交往、领导能力、执行力、管理能力等。这些能力是可以通过后天的实践不断塑造和完善的，因此应鼓励大学生积极参加大学社团活动，培养创业能力。积极鼓励大学生加入社团、学生会等学生组织中，通过策划活动、宣传组织等锻炼，提高学生的语言表达能力、公共关系能力、管理实践能力和领导决策能力。

其三，加强创业教育的师资队伍建设。师资队伍建设是创业教育的基础保障。要真正开展创业教育，教师队伍建设必须专业化；要培养具有创业素质的学生，教师就必须有过创业实践经验。为了实现这一目标，高校可以从其内部和外部两个方面入手：

对内可以通过培训或鼓励教师创业实践，从而形成自己的具有实际经验的专职教师。具体而言，一方面高校加大培训力度，培养高素质的专业教师。可以出资送骨干教师参加教育部举办的创业培训，使他们通过培训了解怎样进行创业，从而能在创业教育教学中懂得如何去传道；另一方面，高校应制定一些新的激励措施，鼓励教师在保证教学科研的情况下到创业一线去兼职，甚至可以有计划地选派有潜力的青年教师开展创业实践，到企业挂职锻炼，提高他们的市场意识，使他们获得市场运作经验，从而在创业教育教学中明白如何真正有针对性地解惑。

对外可以请一些企业、一些经验丰富的成功企业家、创业者、技术专家做创业基地的兼职教师，或者按合适的比例引进或聘任工程技术和科研类人员、经营类人员、法律类人员、企业类人员、社会学类人员，形成不同类别、不同层次的创业教育师资队伍，以弥补高校实践型教师的不足。加强与政府和企业合作，针对创业意向进行个性化辅导与开业跟踪扶持。通过过程辅导和政府、企业扶持等一条龙服务，解决创业过程中的相关难题，提高自主创业的成功率。

其四，将创业教育规范化、制度化。创业教育可以说是一项系统工程，虽然因高校的属性和条件不同，不可能形成统一模式，但是推进其规范化、制度化已势在必行。包括：将创业教育规范化、制度化是提升高等教育质量、促进经济社会发展的重要举措。这要求我们从多个方面入手，构建一个全面、系统、可持续的创业教育体系。第一，需要制定创业教育标准与框架，明确教育目标、内容、方法和评估标准，同时鼓励高校根据自身特色开发特色课程。第二，构建课程体系与教学资源，将创业教育纳入高校必修或选修课程，开发多样化的教学资源以满足不同学生需求。第三，建立专业师资队伍，加强对教师的培训，引入具有丰富创业经验的企业家和投资人作为兼职教师或导师。第四，完善实践平台与孵化机制，为学生提供实践机会和资源支持，帮助优秀创业项目落地实施。第五，强化评估与反馈机制，建立科学的评估体系，及时调整教学内容和方法。最后，促进产学研用深度融合，加强高校与产业界、政府、社会组织的合作，营造浓厚的创业文化氛围，激发学生的创业热情和兴趣。通过这些措施的实施，可以有效地推动创业教育的规范化与制度化进程。

2）畅通信息渠道，搭建创业平台

大学生创业不仅仅需要大学生自身的努力，更离不开周边环境尤其是学校的支持。国家各部委、各省市有关部门以及各高校均出台了各类鼓励大学生创业的政策和措施。这些政策和措施对于创业大学生来说，是非常宝贵的。但是，很多大学生对这些政策和措施并不了解，也不清楚可以通过何种渠道去了解，导致很多政策和措施的利用率偏低。因此，高校可以运用传播学的理论和方法进行调研，了解大学生最容易接近的信息传播渠道。在此基础上，为了畅通创业信息渠道，除了通过学校宣传窗、校报、网站等学生熟悉的传统媒介普及创业政策和优惠措施外，还应借助大学生关注且感兴趣的信息渠道及时发布各类创业政策信息。例如，可通过手机短信群发、电子邮件、QQ群等方式进行温馨提醒，也可利用QQ校友、微博等平台发布相关内容。

高校对大学生创业搭建平台起着重要作用，可以从以下几个方面着手：

第一，建立专门的创业服务机构，搭建服务工作平台。为了更好地推动大学生创业，高校可以考虑建立专门的创业服务机构，整合各方资源，成立一个专业的机构来全面负责大学生创业。大学生创业的全程服务都可以在这个机构中找到，例如创业的政策发布、创业的手续办理、创业的问题咨询、创业的困难解决等。在某种程度上，建立专门的服务机构也需要政府的介入和配合。同时，该机构可以进行调研，研究创业学生的心理特质，为制定创业政策提供理论和实证依据。

第二，加强校企联合，推进学生创业。加强校企联合，是推进学生创业、提升创业教育实效性的关键途径。通过深化校企合作，可以打破校园与社会的界限，将企业的实际需求与高校的创业教育紧密结合，为学生提供更加贴近市场的创业指导和实践机会。在校企联合的过程中，一方面，企业可以将其丰富的行业经验、市场洞察和创业资源带入校园，为学生提供真实的创业案例、市场分析和商业模式构建等方面的指导。同时，企业还可以为学生提供实习实训、项目合作和创业孵化等实践平台，让学生在实践中学习、在干中学，从而更快地积累创业经验、提升创业能力。另一方面，高校也可以借助企业的力量，完善创业教育的课程体系和教学方法。通过引入企业的真实案例和实战项目，使创业教育更加贴近实际、更加生动有趣。同时，高校还可以与企业共同开发创业课程、教材和实践项目，形成具有特色的创业教育品牌。此外，加强校企联合还有助于推动产学研用深度融合，促进科技成果转化和产业升级。通过校企联合，高校可以更加精准地了解企业的技术需求和市场需求，从而更有针对性地进行科研攻关和技术创新。而企业则可以借助高校的科研力量和人才资源，加快新技术、新产品的研发和应用，实现互利共赢。

第三，创建用于学生创业的实践基地，为大学生提供创业实践的场所。为学生提供创业实践的便利，如创业见习基地、创业实习基地、创业孵化基地和创业园等。学校对建设创业实践基地给予人力、物力、财力上的支持。配备得力的指导教师，在人力上给予保证；给予重点扶持，从场地上给予保证；扩大对创业实践基地的投入，从经费上给予保证。充分调动师生参与实践基地建设的积极性、主动性，营造良好的创业实践氛围。同时，高校在建设完善一批大学生创业园和创业孵化基地的基础上，可与有关企业建立更多的实习基地，组织大学生创业实践活动。例如，安排大学生参加创业基地实习；走产、学、研道路，加强学校与企业的合作，建立长效机制，让学生走进企业实地操作；利用学生科研成果，在学校创业园或相关企业开展实践活动。

第四，组织创业团队和高校科研成果的项目洽谈会。高校科研成果的及时转化将为大学生创业提供发展空间。将高校的科研成果及时转化，形成生产力，并把发展方向更多地转向和企业进行紧密结合，这是高校在所在地区的自主创新中发挥更大作用的重要途径。

（三）个体层面的促进对策

1. 针对有创业意向的大学生的教育促进对策

1）提升创业意向

大学生要关注、学习典型创业成功人士不畏艰难、永不放弃的精神气节，真正思索这些精神背后蕴涵的气节，而不是为了蝇头小利去创业；认真思考自己的职业生涯规划，了解自己的特长和优势，认清自己的不足。针对部分女生的创业意向低于男生的现状，可以让女大学生通过创业教育、创业指导和学习女企业家创业成功的事迹，提高自身的创业自信心和整体创业自我效能感，同时改变自身对创业行为以及自我的认知偏见，提高创业意识，积极投入到创业群体中。

2）加强创业行动

大学生可以有意识地培养自己的抗挫折能力，而不是一遇到挫折便一蹶不振。例如，可以主动联系学校的心理健康指导中心，参加抗挫折心理训练，提高抗挫折能力。男大学生可强化自身优势，培养创业能力，力求提高创业成功率。女大学生可克服传统观念的桎梏，发掘女性的特长，勇于尝试创业活动。理工科学生应扎实掌握专业知识，多关注专业领域的新技术、新动向，有走在本专业领域前列的意识。商科大学生可多参加实践活动，在现实的经济运作中、企业管理实践中、工作交往关系中更深地掌握商业活动规律。其他文科学生则可努力寻找自身的优势，在创业活动中扬长避短。

2. 针对已创业的大学生的教育促进对策

1）提升创业能力

具备人际交往能力、领导能力、执行力、管理能力等素质的人更适合创业。大学生可以通过参加创业大赛和组建创业团队来培养自己的能力。

第一，参加创业竞赛。创业竞赛中经过组队、选项目、培训、市场调查、完成创业计划书以及答辩等阶段的磨炼，大学生可以获得宝贵的模拟创业经历，积累更多的创业知识，并锻炼创业能力、沟通交流和组织管理能力、分析和研究能力，以及团队精神和创业精神。因此，大学生应利用好创业竞赛这个有效载体，激发自己的创业精神和创业激情，积极参加各种创业大赛，培养创业意识，提高创业技能，将一些创业活动的优秀成果直接推向市场，在创业实践活动中接受创业教育，为今后的发展打下坚实的基础。

第二，组建创业团队。一支优秀的创业团队对创业成功起着至关重要的作用，一个优秀的创业团队是创业初期必备的人才要求，优势互补的团队可谓是创业的基础。大学生可以通过平日对市场、社会的仔细观察和深入了解，挖掘具有发展前景的创业项目，吸引一批有能力、有胆魄的大学生组建成团队一起创业。再通过有效的管理，使创业团队形成最大的合力。

2）增强创业素质

大学生可以通过社会实践活动来培养自己的创业素质。例如，积极主动参加学校丰富多彩的社团，促进综合素质的提高。通过参加学生社团，可以提高大学生的语言表达能力及协调能力、应变能力及逻辑能力、心理素质及抗压能力、对本专业知识的专业度及对其他学科不同知识的认知度、职业精神及工作的自发性和积极性，有利于彼此间知识的互动，对大学生创业起到推动作用。

3）提供必要支持

家庭和社会也应该为大学生创业提供应有的支持。比如，社会应为大学生创业及其教育开辟绿色通道，通过企业支持大学生创业教学与实践教育，鼓励社会个人或法人为大学生创业提供经济支持及咨询指导等。前者指企业与学校合作，接受在校大学进行参观学习、实地调查、短期实习、承担部分实践课程等，后者包括成功企业家或企业法人在高校成立创业基金对大学生创业提供经济支持，另有一些社会团体还对大学生创业及其教育提供咨询、指导、评估等智力支持。同时，家庭作为大学生自身力量的重要来源，也应该为大学生创业提供强大精神支持和经济支持。由于创业教育在我国的发展历史较短，社会大众对其接受程度不高，尤其是大学生家长——他们对现有的社会制度和经济体制大多已形成较为固定的认知，不少人因对创业缺乏了解或认知片面而产生排斥心理。因此，对于想创业的大学生来说，家庭方面的最大障碍就是要说服父母支持自己创业。父母应该多关注时事政策，转变观念，突破思维桎梏，支持子女在可以承受的经济范围内进行创业尝试。有条件的家庭还可以通过协助子女筹备创业初期资金，通过帮助其了解相关企业运行信息、协助其学习管理企业等对其提供多方面的支持。

寝室练习小活动

一、活动名称

职业适应模拟——24小时职场生存挑战

二、活动目标

通过模拟职场高频场景，提升初入职场的适应力；锻炼团队协作、问题解决与时间管理能力；提前感知职场压力与节奏，建立合理的心理预期。

三、活动准备

道具：计时器、任务卡（10张）、角色牌（项目经理、团队成员、客户）、纸笔、简易桌椅。

时间：20分钟（可压缩环节时间，但须保证完整性）。

四、活动流程

阶段一：角色分配与规则讲解（3分钟）

（1）角色分配：1人担任"项目经理"（PM），负责统筹任务；2人担任"团队成员"，执行具体工作；1人担任"客户"，提出需求并评估成果；剩余1人为"观察员"，记录团队表现。（角色可轮流体验）

（2）规则说明：模拟"24小时职场生存"情境，时间压缩至20分钟；每完成一项任务即可获得"生存积分"，积分不足的团队"解散"；客户满意度低于60%则任务失败。

阶段二：职场任务模拟（15分钟）

表 7-1　模拟活动场景预设

任务序号	场景描述	挑战点	时间分配
1	突发项目变更（客户需求调整）	快速决策、优先级重排	3分钟
2	跨部门沟通（与技术部资源争夺）	协商技巧、利益平衡	3分钟
3	紧急任务（2小时内提交方案）	时间管理、高效执行	4分钟
4	同事协作冲突（意见分歧）	情绪管理、冲突解决	3分钟
5	向上级汇报（电梯演讲）	逻辑表达、结果导向	2分钟

操作细节：

任务卡抽取：PM随机抽取任务卡，团队需在规定时间内完成；

角色扮演：客户可"刁难"团队（如临时加需求），观察员需记录行为关键点；

时间管理：每项任务间设置10秒"职场碎片时间"（模拟喝水、回消息等干扰）。

阶段三：复盘与反馈（2分钟）

（1）团队自评：PM总结任务完成情况，分析时间和资源分配问题；成员分享"压力瞬间"及应对方式。

（2）观察员反馈：从"职场人"角度点评行为（如"频繁打断客户发言"的行为需改进）；提出1~2个可迁移至真实职场的技巧（如"用'三明治沟通法'提建议"）。

（3）生存积分公示：积分≥80分：团队"存活"，获得"职场潜力股"称号；积分<80分：团队"解散"，需表演"职场求生"情景剧作为"惩罚"。

思考题

（1）谈一谈作为入职新人的心理过程。

（2）如何解决自己在刚入职时面临的职业问题？

（3）谈一谈自己在大学期间有过的创业经历。

（4）如何调整在创业时面临的心理问题？

（5）谈一谈如何增强自身的创业心理品质。

第八章 大学生就业力与职业挫折应对

PART EIGHT

> **教学目标**
>
> （1）了解挫折后的行为反应。
> （2）深入了解如何提升挫折承受能力。
> （3）掌握挫折的概念及要素。
> （4）了解常见的挫折防御机制。
> （5）学会缓解挫折来临时的消极情绪并学会正确处理挫折事件。
> （6）了解自我探索的意义与方法。

第一节 大学生就业力

一、大学生就业力概念

就业力是一个综合性的概念，指个人在经过学习过程后所具备的获得工作、保有工作以及做好工作的能力。就业力是获得工作、胜任工作并在工作中不断发展和晋升的能力。随着全球化和信息化的发展，就业力已成为衡量个人职业竞争力的重要指标之一。就业力最早于20世纪50年代由英国学者提出，主要指个人受雇佣的潜能。随着时间的推移，其含义和研究视角逐渐丰富和完善。国际劳工组织（International Labour Organization，ILO）将就业力定义为：个人通过教育和培训获得并维持体面劳动、在职业发展中实现职务晋升，以及应对技术变革与劳动力市场条件变化所需的可转移能力和资格。这一定义强调了就业力不仅包括个人的专业知识和技能，而且包括适应市场变化、持续学习和发展的能力。

大学生就业力是指大学生在校学习期间通过专业知识的学习和综合素质的提高而获得的能够实现自己的就业理想、满足社会需求、实现自我价值的技能和能力。它涵盖了知识、技能、态度和行为等多个方面，是大学生在求职过程中展现给雇主的综合素质，也是决定其能否顺利就业并快速适应职场环境的关键因素。在大学生就业力的研究中，通常将其划分为多个维度。例如，一些学者将就业力划分为基本工作能力、专业知识能力和求职能力等方面。基本工作能力包括实际操作能力、新环境适应能力、团队组织管理能力、沟通协作能力、外语和计算机运用能力等；专业知识能力则是大学毕业生就业的核心竞争力，涉及所学专业的理论知识、实践技能和创新能力；求职能力则是指大学生在求职过程中应掌握的求职技巧和方法，如信息收集、简历制作、面试表现等。

此外，大学生就业力的研究还关注其与市场需求、个人职业规划、高校教育质量等因素的关系。随着就业市场的不断变化和升级，企业需要兼具专业技能和实践经验的大学生来支撑企业的发展和创新。因此，提升大学生就业力，使其与市场需求相匹配，成为高校教育和大学生个人发展的重要目标。

二、就业力要素

（一）专业能力

专业能力是就业力的基础，指个人在专业领域所掌握的知识和技能。专业能力越强，个人在就业市场上的竞争力就越大。

（二）适应能力

适应能力指个人在面对新的工作环境、工作任务或团队文化时，能够迅速调整自己的状态，适应新的要求。适应能力强的个人更容易在工作中表现出色，获得晋升和加薪的机会。

（三）竞争能力

竞争能力是个人在就业市场上与其他求职者竞争时所具备的获取资源、实现目标、取得优势地位的能力。竞争能力包括个人的综合素质、求职技巧以及市场敏感度等方面。

（四）情感智商

情感智商指个人在情绪管理、人际交往以及团队合作等方面的能力。情感智商高的个人更容易与同事建立良好的关系，提高工作满意度和团队效率。

三、就业力研究

（一）国外关于就业力的研究

目前国外对于就业力的研究处于蓬勃发展时期，研究范围聚焦于就业力与心理资本、就业力与职业价值观与大学生就业与就业力的关系研究等。

（1）就业力与心理资本。在心理资本各因子中，自我效能感对于就业力的相关性研究尤为突出。①生涯成熟与生涯自我效能存在着显著相关的关系；②个体特质（包括自我理论和效能感）、理解力、技能以及元认知影响就业能力。

（2）就业力与职业价值观。价值观角度研究与就业力的相关性中，焦点集中在职业价值观上。①就业能力受个体特质的影响，在阐述个体特质中，囊括的内容有个体的价值观、基本信念等；②就业能力容易被个体的价值观等因素改变，是一种嵌入个人特性的心理社会建构。

（3）就业力与大学生就业。①在高等教育阶段培养中，具有良好就业力的大学生更容易在社会中获得合适的工作岗位。这一观点得到社会各界的广泛认可。其中，在假设中有两个理论观点：一是高等教育具有培养大学生的就业力的能力，二是大学生的就业力可以使其获得更好的就业机会与就业岗位。②高校学生的学习课程及学校的名誉是部分用人单位或个人所在意的，往往优质的课程及良好的学生声誉受到青睐。③在就业力模式研究中，学者认为高等教育可将大学生的获得工作机会与自我特征开发紧密结合，高校的首要任务可以围绕培育大学生的技能知识、能力与态度等，进一步使大学生获得持久的发展机会。目前，国外的研究大多从积极心理方向来探究挖掘提高就业力的途径。

（二）国内关于就业力的研究

工业化与全球化不断推进的同时，我国就业人数的不断攀升使就业压力不断深化，随之而来的是如何提高就业力的问题。我国学者在借鉴国外的经验的同时，积极深入具体实践，探索本土化的就业力的培养模式。其中研究的主要群体集中在大学生群体，研究涉及的范围包括大学生就业力提高的途径、就业力与心理资本、就业力与职业价值观等。

（1）提高大学生就业力的途径：①有学者基于课程设置角度，对大学生就业力的培养提出了一些建议。其中解释了成功学教育的含义并分析成功学教育对大学生就业力的影响，阐述了高校实施成功学教育对大学生就业力提高的积极作用，并探析了其具体落实的路径。②语言表达能力对大学生就业结果具有重要影响，部分学者就这一方面提出了可行的教学建议。③有学者在探讨大学生就业力中介作用的基础上，提出培育大学生就业力可助力其获得更优质的实习经历，使其更适应就业环境，以及大学生最初薪资与最初岗位的满意度的提高，或可从就业力的开发中获得。④部分学者认为，应将大学生就业能力培养确立为高等教育的培养目标，并将其作为教育质量评估的重要指标；同时，要让每个学生都参与到就业能力培养体系中，这就需要将就业能力培养嵌入各类课程教学，以此提升大学生就业能力。⑤有学者认为培养当代大学生就业力的重要途径是提升大学生的生涯管理能力。

（2）就业力与心理资本：①有学者在借鉴企业人才资源开发理论的基础上，将心理资本理论与大学生人力资源开发相结合，认为心理资本对提高人才培养质量和推动大学生就业都有积极作用。②有学者通过对心理资本能预测职业生涯成功的实证研究得出，心理资本对职业生涯成功有显著的正向作用，心理资本及其各子维度对主观职业生涯成功（职业满意度）有正面的影响，而对客观职业生涯成功（晋升次数、薪酬水平）的影响却不显著。③有学者发现大学生职业决策效能总分及各维度与职业生涯规划总分及各维度存在显著正相关。

（3）大学生就业力与职业价值观：①有学者认为，在培育大学生的就业能力的过程中，要始终注意对大学生成才观、就业观的正面引导，从而借助良好的职业观强化就业能力。研究说明，大学生的主观因素对就业力有显著影响，其中主观因素包括实践经验、就业观念、薪资期望、个性品质与生涯规划。②有学者发现工作价值观的不同对就业能力的影响各异。工作价值观的目的价值领域与就业力呈显著正相关，关注大学生的自尊与自我成长、自我实现，对大学生的问题解决能力、人际交往能力、社会适应能力的提升具有重要作用。③相关研究表明，影响就业能力的直接因素是职业价值观，而产生间接影响的是自我效能。

四、大学生就业力功能

（一）助力个人职业发展

1. 实现顺利就业

强大的就业力是大学生打开职场大门的钥匙。具备扎实专业知识、良好实践技能以及出色沟通、团队协作等综合能力的大学生，在求职过程中更具竞争力。他们能够精准匹配企业岗位需求，在简历筛选、面试等环节脱颖而出，从而获得心仪的工作机会，顺利迈出职业生涯的第一步。例如，在计算机专业中，熟练掌握编程技能、拥有丰富项目经验且沟通表达能力强的学生，更容易被知名互联网企业录用。

2. 奠定职业晋升基础

就业力不仅仅关乎入职，更是职业晋升的关键。在工作中，持续学习能力强、问题解决能力出色的大学生能够快速适应新的工作任务和挑战，不断提升工作绩效。他们善于总结经验，积极寻求自我提升，为职业晋升积累资本。比如，一名入职市场营销岗位的大学生，凭借出色的市场分析能力和创新营销方案策划能力，在短时间内取得显著业绩，从而获得晋升机会，逐步成长为团队负责人。

（二）促进个人全面成长

1. 提升综合素质

提升就业力的过程能够促使大学生不断提升自身综合素质。为了满足就业市场需求，大学生不仅要深入学习专业知识，而且需锻炼沟通、组织、领导等能力。参与实习、社会实践等活动能让他们接触社会实际，增强应变能力和心理承受力。例如，参与社团组织的活动策划，大学生能提升组织协调和沟通能力，在与不同人的合作中学会团队协作，这些都有助于综合素质的全面提升。

2. 增强社会责任感

成功就业后，大学生在工作岗位上通过自身努力为企业创造价值，同时也为社会发展贡献力量。他们在工作中了解行业动态、社会需求，从而更加关注社会问题，积极参与公益活动、行业标准制定等，增强社会责任感。比如，从事环保行业的大学生，通过推动企业环保技术创新、参与环保宣传活动，为改善生态环境贡献力量，实现个人价值与社会价值的统一。

（三）提升企业形象与竞争力

1. 提升企业形象

企业招聘具备较强就业力的大学生有助于提升企业形象。这些大学生在工作中表现出色，能够为企业创造更多的价值，从而增强企业的社会声誉和品牌形象。

2. 增强企业竞争力

具备较强就业力的大学生能够为企业带来新的思维和创意，推动企业的创新和发展。他们的专业知识和实践经验有助于企业在市场竞争中占据优势地位，提高企业的竞争力。

（四）推动社会经济发展

1. 促进产业创新升级

大学生作为知识与创新的载体，其就业力的发挥能为各产业注入新活力。在科技领域，拥有前沿技术知识和创新思维的大学生投身人工智能、生物医药等新兴产业，推动技术研发与产品创新，助力产业向高端化迈进。例如，许多高校毕业生在新能源汽车研发企业，凭借专业知识改进电池技术、优化自动驾驶系统，提升了整个行业的技术水平，促进产业创新升级。

2. 增加社会就业岗位

具有创业就业力的大学生能够通过自主创业创造大量就业机会。他们的创业项目涵盖多个领域，从互联网科技到文化创意，从餐饮服务到教育培训等。这些创业企业在发展过程中，需要招聘各类专业人才，从而带动更多人就业，缓解社会就业压力。以一家互联网创业公司为例，该公司从最初仅几人的创业团队起步，发展到成熟阶段可能招聘几十甚至上百名员工，为社会提供了众多就业岗位。

第二节 大学生职业挫折

一、大学生职业挫折概念

大学生职业挫折指大学生在求职或职业发展过程中，遭遇各种阻碍和干扰，致使其职业目标无法达成，职业需求未能得到满足，进而产生的一种消极情绪体验和状态。这一概念涵盖了从踏入就业市场寻求工作机会，到在已获得的工作岗位上谋求晋升与发展的整个职业历程。

二、大学生职业挫折表现

（一）求职阶段

在投递简历环节，频繁收到拒绝通知，或者长时间没有收到任何回应，会让大学生感到沮丧和失落。在面试过程中，大学生也会因紧张、缺乏面试技巧，回答问题不理想，导致面试失败，自信心受挫。例如，一位大学生在多次面试中，由于过于紧张，无法清晰表达自己的观点，最终未能获得心仪的工作机会，对自己的能力产生了怀疑。

（二）职业发展阶段

进入工作岗位后，毕业生可能面临工作任务繁重、难以胜任的情况。如在项目执行过程中，因自身专业技能不足，无法按时完成任务，受到领导批评，产生职业挫折感。另外，职业晋升受阻也是常见的表现，看到同期入职的同事获得晋升机会，而自己却迟迟没有进展，容易产生焦虑和挫败情绪。例如，在一家企业中，工作两年的小李因团队合作能力欠佳，在晋升评估中被刷下，这让他对自己的职业发展感到迷茫。

三、大学生职业挫折产生的原因

（一）就业市场竞争激烈

随着高校持续扩招，每年毕业的大学生数量众多，而就业岗位的增长速度相对缓慢。例如，热门行业如金融、互联网领域，一个优质岗位往往会吸引成百上千名大学生竞争。这种激烈的竞争使得许多大学生在求职过程中难以脱颖而出，遭遇简历石沉大海、面试失败等挫折。

（二）自身能力与经验不足

部分大学生在学校期间过于注重理论知识的学习，忽视了实践能力的培养。在求职时，缺乏实际工作经验，对职场的工作流程、团队协作模式不熟悉，导致工作不顺畅，产生挫败感。比如，一些文科专业学生，虽然专业知识扎实，但在应聘需要数据分析能力的岗位时，因缺乏相关实践经验和技能，无法满足岗位要求，导致求职受挫。

（三）职业规划不合理

有些大学生在选择专业和职业时，缺乏清晰的规划。对自身兴趣、优势和职业目标认识不足，盲目跟风选择热门专业或职业，结果在就业时发现自身并不适合，难以在工作中取得成就感，进而产生职业挫折感。例如，部分学生看到计算机专业就业前景好，便选择该专业，但自身对编程缺乏兴趣和天赋，在学习和就业过程中困难重重。

（四）职业匹配问题

第一，人职不匹配。大学生的专业、技能、兴趣与所从事的职业岗位不匹配，不仅会导致其难以胜任工作或无法发挥个人优势，而且会使其产生挫折感。在组织层面，单位对员工安排不当、领导者用人不公正、组织运行机制不健全等问题，也可能致使大学生的才能无法施展，产生被埋没或不受重用的感受。第二，在工作中,与同事、上级或下属之间关系紧张,缺乏沟通和信任,同样可能使大学生产生职业挫折感。此外,工作量过大、工作时间安排不合理、职业社会评价欠佳等因素,均会影响大学生的工作体验与成就感,进而引发职业挫折。

四、大学生就业力与职业挫折的关系

(一)职业挫折是就业力的重要组成部分

在探讨大学生就业力的构成要素时,职业挫折无疑占据了举足轻重的地位。因而提升大学生抗职业挫折能力具有重要意义。抗职业挫折能力,作为个体面对挑战和困难时所展现出的心理素质,是就业力不可或缺的组成部分。它深刻影响着个体在求职过程中的心态、表现及最终成功与否。

抗职业挫折能力是个体在逆境中维持心理平衡、积极应对挑战的能力。在求职过程中,大学生往往会遭遇来自多方面的挫折,如简历投递后的石沉大海、面试中的表现不佳,或心仪职位的激烈竞争等。这些挫折不仅仅考验着大学生的专业技能和知识储备,更对其心理素质提出了严峻的挑战。一个具有较强抗职业挫折能力的大学生,能够在面对这些挫折时保持冷静和自信,不被一时的失败击垮。他们能够以积极的心态去分析遇到挫折的原因,从中吸取经验教训,并调整自己的求职策略,以更加饱满的热情和坚定的信念投入到下一次的求职中。

职业挫折有利于就业力的提升。职业挫折能够提升大学生的适应能力和解决问题的能力。在求职过程中,大学生需要不断适应不同的求职环境、应对各种突发情况。具有较强抗职业挫折能力的大学生能够更好地应对这些挑战,展现出自己的优势和潜力,从而赢得用人单位的青睐。

此外,职业挫折还与就业力的其他构成要素密切相关。例如,良好的人际交往能力、创新能力、团队协作能力等,都是就业力的重要组成部分。而抗职业挫折能力作为个体心理素质的体现,能够间接影响这些能力的发挥。一个具有较强抗职业挫折能力的大学生,往往能够更好地处理人际关系,与同事、上级建立良好的沟通和合作关系;同时,他们也更敢于尝试新事物、新方法,展现出更强的创新能力和团队协作能力。

(二)抗职业挫折能力与就业力的相互促进

抗职业挫折能力与就业力之间存在着一种相互促进、互为因果的紧密联系。这种关系在个体求职成功后的职业生涯中尤为显著,它不仅影响着个体的工作表现,而且对其长期的职业发展产生深远影响。

抗职业挫折能力，作为个体在面对挑战和困境时所展现出的心理素质，对就业力的提升具有不可忽视的深远影响。在求职这一复杂而多变的过程中，抗职业挫折能力的强弱直接关系到个体能否有效应对各种挑战，进而实现就业力的提升。

抗职业挫折能力强的个体在求职过程中展现出更强的适应性和韧性。就业市场瞬息万变，职位要求、行业趋势、招聘模式等都在不断演变。面对这些变化，职业挫折强的个体能够迅速调整心态，积极应对，展现出高度的灵活性和适应性。他们不会因一时的挫折而气馁，而是将其视为成长的机会，从中吸取经验教训，为下一次的求职做好更充分的准备。这种强大的适应性和韧性使得他们在求职过程中能够迅速适应新环境，抓住新机遇，从而有效提升其就业力。

抗职业挫折能力强的个体勇于尝试新的求职策略和方法，展现出更强的创新性和探索精神。在求职过程中，传统的求职方式可能逐渐失去效力，而新的求职途径和策略则不断涌现。抗职业挫折能力强的个体敢于打破常规，积极尝试新的求职方式，如利用社交媒体平台、参加行业交流会、寻求内部推荐等。他们不怕失败，敢于冒险，这种勇于探索的精神使得他们能够发现更多的求职机会，拓宽求职渠道，进而提升其就业竞争力。

抗职业挫折能力强的个体能够从失败中汲取教训，不断调整和优化自己的求职方向和策略。求职过程中难免会遇到挫折和失败，但职业挫折强的个体不会因此而一蹶不振。相反，他们会认真分析失败的原因，总结经验教训，并根据实际情况调整自己的求职方向和策略。这种不断反思和调整的能力使得他们在求职过程中能够逐步提升自己的求职技能和经验，进而增强其就业力。

就业力的提升也会反过来增强个体的自信心和抗职业挫折能力，形成良性循环。随着个体在工作中取得的成绩和认可不断增加，他们的自信心也会逐渐增强。这种自信心的提升不仅有助于个体在工作中更加自信地展现自己的才能和潜力，而且能够使其在面对新的挑战和困难时更加勇敢和坚定。同时，就业力的提升也意味着个体在职场中的竞争力和影响力得到了提升，这使得他们在面对挫折和失败时能够更加从容地应对，不会轻易被击垮。

相比之下，抗职业挫折能力弱的个体在求职过程中可能更容易受到挫折和失败的打击，产生消极情绪，甚至放弃尝试。他们往往缺乏应对挑战的信心和勇气，对求职过程中的变化和挑战感到无所适从。这种消极态度不仅限制了他们的求职渠道和机会，而且可能导致他们错失良机，无法充分发挥自己的潜力和优势。长此以往，这种消极情绪可能会进一步削弱他们的就业力，使其在职场中处于不利地位。

第三节　大学生职业挫折应对

一、大学生职业挫折应对的原则

（一）积极主动原则

大学生面对职业挫折时，应秉持积极主动的态度。一是应主动剖析挫折产生的根源，是自身能力不足、职业规划不合理，还是外部环境不利等因素导致。例如，若发现求职失败是因简历缺乏亮点，就应主动学习简历制作技巧，优化内容。二是应主动寻求解决办法，不能消极等待。大学生应积极参加各类职业培训课程、招聘会，主动向老师、学长学姐或职场人士请教经验。三是应主动调整心态，通过自我激励及积极的心理暗示，摆脱消极情绪，以饱满的热情重新投入到职业探索中。

（二）客观理性原则

保持客观理性是应对职业挫折的关键。要客观看待挫折本身，不夸大其负面影响，认识到挫折是职业生涯中的正常阶段。工作的失败，不应一味自责或抱怨，而是理性分析失败原因，是市场变化、团队协作问题，还是自身决策失误等。评估自身能力和职业目标时也要理性，既不盲目自卑，贬低自己的价值，又不盲目乐观，脱离实际设定过高目标。大学生应依据自身实际情况和市场需求，合理调整职业规划和发展路径。

（三）自我负责原则

大学生需明确，自己是职业发展的第一责任人。面对职业挫折，不能将责任推卸给他人或外部环境。无论是求职过程中的挫折，还是工作中遇到的困难，都要勇于承担。对自己的职业选择和发展负责，积极采取行动弥补不足，为实现职业目标努力拼搏。

（四）持续学习原则

职业发展是一个动态过程，持续学习是应对挫折、提升竞争力的根本。在遭遇挫折后，要善于从失败中学习经验教训，总结反思自身存在的问题。同时，不断学习新知识、新技能，适应市场变化和职业发展需求。比如，随着科技发展，许多行业对数字化技能要求提高，大学生若想在这些行业取得发展，就需持续学习相关技术知识。通过参加线上课程、阅读专业书籍、参与行业研讨会等方式，不断拓宽知识面，提升综合能力，为未来职业发展奠定坚实基础。

二、大学生职业挫折应对

（一）积极调整心态

第一，正视挫折。大学生首先要认识到职业挫折是职业生涯中常见的现象，几乎每个人都会经历，认识到职业挫折是职业生涯中不可避免的一部分。接受这一现实有助于减少焦虑和恐惧，为应对挫折打下心理基础。保持积极心态，培养乐观、坚韧不拔的心态，相信自己有能力克服困难。积极的心态能够激发内在的动力，帮助大学生更好地面对挑战。遭遇挫折并非意味着失败，而是成长的契机。例如，史蒂夫·乔布斯也曾被自己创立的苹果公司解雇，但他并未一蹶不振，而是把这次挫折视为重新审视自我、探索新领域的机会，后来创办了皮克斯工作室，取得了巨大成功。大学生应学习这种心态，将挫折看作提升自我、积累经验的宝贵经历。

第二，情绪调节。挫折往往会带来负面情绪，如焦虑、沮丧、失落等。大学生需学会运用有效的情绪调节方法。大学生可以通过运动释放压力，跑步、打球等有氧运动能促使身体分泌内啡肽，改善情绪状态；也可以向亲朋好友倾诉，分享自己的烦恼，获得情感支持和建议；还可以通过听音乐、看电影、阅读等方式转移注意力，让自己从消极情绪中解脱出来。比如，在求职失败后，大学生小张通过和朋友爬山，在大自然中放松身心，调整好了心态，重新投入到求职中。

（二）提升就业力

首先是分析原因。冷静分析造成职业挫折的原因，包括自身技能、经验、职业规划等方面的不足。其次是制订计划。根据分析结果，制订具体的提升计划。这可以包括学习新技能、参加培训课程、拓展人际关系等。最后是持续学习。大学生应保持对新知识、新技能的持续学习，不断提升自己的竞争力。这有助于大学生更好地适应职业环境的变化。

（三）修正职业规划

第一，重新评估自我。遭遇职业挫折后，大学生要重新审视自己的兴趣、优势、价值观和职业目标。通过自我反思、职业测评等方式，深入了解自己。

第二，调整职业目标。首先，根据自我评估结果，结合就业市场需求，合理调整职业目标。如果目标过高,可适当降低预期,先从基础岗位做起,积累经验后再谋求发展;如果目标不适合自己,可重新选择职业方向。其次,制定合理的职业发展路径,将大目标分解为阶段性小目标,逐步实现。最后,为应对可能的职业挫折,制定多个备选方案。这有助于大学生在遭遇挫折时能够迅速调整策略,降低风险。

(四)拓展人际资源

第一,建立职场人脉。积极参加行业活动、校友聚会、职场社交平台等,结识行业内人士、企业高管、校友等。与他们交流,不仅能获取最新的行业动态、就业信息,而且能得到宝贵的职业建议。

第二,寻求导师指导。寻找一位职场导师,导师可以是学校的专业老师、企业中的前辈等。他们具有丰富的职场经验,能在职业发展的关键节点给予指导和建议。导师可以帮助大学生分析职业挫折原因,提供应对策略,引导其在职场中少走弯路。

(五)保持耐心与毅力

第一,保持耐心。职业挫折的解决往往需要时间和努力。大学生在求职时应保持耐心,不要急于求成。

第二,培养毅力。面对职业挫折时,大学生应保持坚定的信念和毅力。即使遇到困难,也要坚持不懈,直到实现自己的职业目标。

寝室练习小活动

一、活动名称

"职途启航·寝力全开"大学生就业压力模拟体验活动

二、活动目标

深化就业认知,帮助学生沉浸式体验从简历投递、面试筛选到职场实战的全流程;多维技能实战提升,通过模拟真实求职场景,系统强化简历撰写的针对性、面试应答的逻辑性、职场沟通的有效性,以及团队协作中的问题解决能力;压力转化心理赋能,依托寝室温馨、熟悉的环境,将就业压力转化为模拟体验中的挑战动力,引导同学掌握情绪调节、压力疏导的有效方法,塑造积极乐观的求职心态,提升心理抗压韧性;凝聚寝室协同力量,在模拟职场任务、互评互学等环节中,打破寝室成员间的交流壁垒,强化团队协作意识,培养默契配合能力,同时模拟职场人际关系的处理,为未来职场发展奠定团队合作基础。

三、活动准备

文书资料包：精心设计多类型模拟简历模板（如技术岗、管理岗、营销岗）、涵盖各行业的面试真题题库、详细的评分细则表；准备足量便签纸、不同颜色的笔，方便记录、标注和点评。

创意道具组：利用废旧纸箱、彩色卡纸制作个性化企业招聘展板、岗位立体名牌；用毛线、夹子制作简易简历展示绳；借助手机支架、小摆件布置面试场景，营造逼真氛围。

电子资源库：在手机或电脑中下载经典面试教学视频、职场氛围背景音乐（如轻快的办公音效、紧张的倒计时音效），制作模拟任务的 PPT 模板。

金牌面试官：由寝室成员依次担任，提前研读面试评分标准、熟悉各类岗位面试问题，模拟企业 HR、部门主管等不同角色的提问风格。

全能求职者：每位同学根据自身专业和兴趣，制作 2~3 份不同岗位的模拟简历，在面试环节中灵活切换求职身份。

专业观察员：未参与当前环节的同学作为观察员，手持记录板，从语言表达、肢体动作、应变能力等多个维度记录成员表现，为后续点评提供翔实依据。

开展寝室"就业知识小课堂"，共同观看知名求职博主的视频、阅读《求职全攻略》等电子书，学习简历优化技巧、面试应答策略、职场礼仪规范。

组织进行简历制作实战模拟，互相批改简历，提出修改建议，打磨出高质量的模拟简历。

场地巧布置：将寝室床铺、书桌重新布局，划分出"招聘大厅"（张贴企业展板、悬挂简历展示绳）、"私密面试间"（用帘子或屏风隔开）、"头脑风暴区"（摆放桌椅用于小组讨论）、"成果展示台"（利用窗台或柜子顶部）。

通过张贴励志标语便签、悬挂小彩灯，营造既紧张又温馨的活动氛围。

四、活动流程

1. 启航动员（5 分钟）

主持人（寝室活跃成员）播放一段热血励志的求职微电影片段，激发同学参与热情，详细讲解活动流程和规则。

2. 职场初体验·模拟招聘会（15 分钟）

同学们将精心制作的模拟简历错落有致地悬挂在"招聘大厅"的展示绳上，轮流扮演企业 HR，手持评分表，依据简历内容进行初步筛选，对每份简历给出简短评价并标注是否进入面试环节。

未入选同学现场参考他人简历和 HR 评价，快速修改简历，争取二次筛选机会，感受求职竞争的紧迫感。

3. 直面挑战·压力面试实战（30分钟）

入选同学按照顺序进入"私密面试间"，接受面试官的犀利提问。面试官随机抽取面试问题，适时营造压力氛围，如皱眉质疑、频繁看表等。

面试全程限时 5 分钟，观察员在旁细致记录求职者的每一个表现细节。面试结束后，面试官从专业角度进行点评，观察员分享观察到的亮点与不足，求职者分享面试时的心理感受。

4. 团队攻坚·职场任务大比拼（25分钟）

根据寝室人数进行灵活分组，抽取高难度职场任务卡，如"在预算有限的情况下策划一场爆款校园快闪活动""化解因项目延期导致的客户严重不满"。

小组在"头脑风暴区"展开激烈讨论，利用寝室现有物品制作创意展示道具（如用书本搭建模型、用手机制作短视频）。完成后，在"成果展示台"进行生动展示，其他小组化身专业评审团进行提问和打分，评选出"最佳创意团队"和"最具执行力团队"。

5. 复盘成长·经验共享会（15分钟）

每位同学结合活动中的经历，分享自己在简历制作、面试应对、团队协作等方面的收获与反思，提出在就业准备过程中遇到的困惑。

大家共同梳理活动中暴露出的问题，总结实用的求职技巧和压力应对方法，形成寝室专属的"求职宝典"。

主持人进行总结发言，鼓励大家将活动中积累的经验运用到实际求职中，约定互相监督、共同进步，携手迎接就业挑战。

思考题

（1）大学生在求职和工作中可能遇到的挫折有哪些？
（2）如何处理遇到的挫折？
（3）如何化挫折为动力，在挫折中成长？

参考文献

[1] 陈秋燕,韩佩玉.大学生心理健康教育[M].北京:北京师范大学出版社,2015.

[2] 崔正华,付腊平,郭帆.大学生职业生涯规划与士官职业发展指导[M].南京:南京大学出版社,2018.

[3] 李凌,蒋柯.健康心理学[M].上海:华东师范大学出版社,2008.

[4] 周彤,姜艳,马兰芳.职业心理素养[M].南京:南京师范大学出版社,2017.

[5] 王金凤,柴义江.大学生心理健康教育[M].4版.北京:清华大学出版社,2017.

[6] 黄华.大学生职业行为优化[M].南京:南京大学出版社,2015.

[7] 谢清勇,韩晓旭.供需视角下大学生积极职业心理品质培育策略[J].中国军转民,2024(8):128-129.

[8] 周蕾,洪保麟.新时代高职院校大学生职业心理素养的培养路径[J].哈尔滨职业技术学院学报,2023(5):92-94.

[9] 罗小芬.高职院校学生职业素养评价现状及对策研究[J].产业与科技论坛,2023,22(7):87-88.

[10] 杨雯雯.高职大学生职业心理素养提升的实践研究[J].科教文汇,2022(22):118-120.

[11] 丁敏.高职学生职业心理素质对就业抉择的影响研究[J].中国学校卫生,2022,43(10):1605.

[12] 俞珺洺.大学生就业心理问题的分析及干预[J].就业与保障,2021(8):31-33.

[13] 黄桂玲,颜剑雄.高职院校大学生职业心理素养研究——以心理资本与应对方式的关联研究为内容[J].心理月刊,2020,15(22):45-46,49.

[14] 赵倩,陈国鹏.职业价值观、心理资本与大学生创业意向[J].继续教育研究,2018(2):48-53.

[15] 赵科,杨丽宏,尹可丽,等.民族文化认同与大学生职业成熟度的关系及其心理机制[J].心理发展与教育,2016,32(4):418-425.

[16] 曲可佳,邹泓,黄绍舒,等.父母教养行为、自主与大学生职业生涯探索的关系[J].心理发展与教育,2016,32(6):675-682.

[17] 耿丽萍. 当代大学生职业成功观误区探析[J]. 思想教育研究，2012（4）：73-76.
[18] 周炎根. 大学生职业决策自我效能与职业生涯规划的关系研究[J]. 教育与职业，2012（6）：91-93.
[19] 张海涛，苏苓. 浅析大学生职业心理素质的塑造[J]. 学校党建与思想教育，2010（8）：77-78.
[20] 马旭东. 论大学生职业心理准备与心理调适[J]. 西南民族大学学报（人文社科版），2008（7）：284-287.
[21] 叶琳琳. 构建胜任特征模型 推进职业心理辅导[J]. 思想政治教育研究，2008（1）：125-128.
[22] 王小侠. 当代大学生择业与职业心理教育[J]. 教育探索，2006（12）：101-102.
[23] 李海萍，陈喜. 论职业心理素质与职业选择[J]. 中国职业技术教育，2006（15）：22-24.
[24] 马林. 大学生职业规划主要测评内容与量表研究[J]. 教育与职业，2005（36）：60-61.
[25] 刘晓君. 大学生职业生涯规划的心理因素分析[J]. 思想理论教育导刊，2005（6）：49-51.
[26] 高艳，乔志宏. 大学生就业能力结构及其内部关系：质的研究[J]. 中国青年研究，2016（11）：93-97，110.
[27] 梁明辉，易凌峰. 大学生生涯适应力与创业效能感和创业意向的关系[J]. 心理与行为研究，2017，15（3）：366-371.
[28] 屈家安，郑行之. 大学生职业价值观实证研究[J]. 中国成人教育，2018（15）：65-71.